O MELHOR
ADMINISTRADOR
DO MUNDO

CARO(A) LEITOR(A),

Queremos saber sua opinião sobre nossos livros.

Após a leitura, curta-nos no facebook.com/editoragentebr,

siga-nos no Twitter @EditoraGente e

no Instagram @editoragente

e visite-nos no site www.editoragente.com.br.

Cadastre-se e contribua com sugestões, críticas ou elogios.

LEANDRO VIEIRA

O MELHOR ADMINISTRADOR DO MUNDO

Tudo que você precisa saber para construir **seu futuro** em **Administração**

Diretora
Rosely Boschini

Gerente Editorial Sênior
Rosângela de Araujo Pinheiro Barbosa

Editora Júnior
Carolina Forin

Produção Gráfica
Fábio Esteves

Preparação
Giulia Molina

Capa
Victor Monteiro

Montagem de capa
Mariana Ferreira

Imagem de capa
Aknarin Thika | iStockPhotos

Projeto Gráfico
Beatriz Borges

Diagramação
Beatriz Borges e Linea Editora

Revisão
Renato Ritto

Impressão
Edições Loyola

Copyright © 2022 by Leandro Vieira
Todos os direitos desta edição
são reservados à Editora Gente.
Rua Natingui, 379 – Vila Madalena
São Paulo, SP – CEP 05443-000
Telefone: (11) 3670-2500
Site: www.editoragente.com.br
E-mail: gente@editoragente.com.br

Dados Internacionais de Catalogação na Publicação (CIP)
Angélica Ilacqua CRB-8/7057

Vieira, Leandro
    O melhor administrador do mundo / Leandro
Vieira. - São Paulo : Editora Gente, 2022.
    192 p.

    ISBN 978-65-5544-281-6

    1. Desenvolvimento profissional 2. Administração
I. Título

22-5456   CDD 650.14

Índice para catálogo sistemático
1. Desenvolvimento profissional

NOTA DA PUBLISHER

Todos nós, em algum momento da vida, nos deparamos com um grande desafio: a escolha de que profissão seguiremos. E esse desafio pode parecer ainda maior quando a decisão é por uma profissão cujas funções ainda são pouco conhecidas, como a Administração. Fica, desse modo, a indagação: em um mundo com tanta demanda por profissionais dessa área e em um país em que essa carreira é uma das mais procuradas, como de fato se destacar e construir uma trajetória que nos leva ao sucesso?

Em *O melhor administrador do mundo*, Leandro Vieira, o mais novo autor da casa e o visionário por trás da Administradores.com, maior plataforma sobre a área de Administração da América Latina, nos explica, com base em sua trajetória e vasta experiência, como encontrar o caminho das pedras para se tornar um administrador fora de série. Desde a escolha da melhor universidade para o seu perfil até quais habilidades-chave dominar para construir uma carreira exponencial, aqui você descobrirá que o seu futuro em Administração está apenas começando.

Reforçando as palavras do autor, administradores possuem um papel fundamental como construtores da realidade e são responsáveis por tirar do papel as ideias dos empreendedores, inventores, engenheiros, artistas e gênios. Por isso, apesar de o caminho exigir comprometimento com a excelência, se tornar um administrador excepcional significa mudar o mundo. Fica, então, o meu convite: vamos fazer isso juntos?

Rosely Boschini
CEO e publisher da Editora Gente

Para meus pais, pelos
incentivos de uma vida.
Para Anna, pelo apoio
incondicional em
todos os momentos.
Para Maurício e Murilo,
pela alegria infinita
de todos os dias.
Amo vocês.

AGRADECI-
MENTOS

O filósofo francês André Comte-Sponville descreve a gratidão como a mais agradável das virtudes.[1] É a possibilidade de uma nova alegria em cima de uma alegria anterior.

Este livro não seria possível sem a contribuição de um grande número de pessoas. Alegra-me muito poder expressar a minha gratidão a cada uma delas.

Primeiramente, gostaria de agradecer a toda equipe da Editora Gente. Sempre nutri, desde os tempos de calouro em Administração, uma profunda admiração por essa incrível editora. Muitos de seus autores foram – e continuam sendo – grandes guias e referências para mim. Que orgulho poder estar entre eles! Muito obrigado especialmente à querida Rosely Boschini por apostar nesse projeto e por suas valiosas contribuições. Ter participado da sua Imersão Best-Seller foi um verdadeiro divisor de águas em minha jornada como escritor – o meu chamado se tornou muito mais claro depois dessa experiência.

---

[1] COMTE-SPONVILLE, A. **Pequeno tratado das grandes virtudes.** São Paulo: WMF Martins Fontes, 2016.

Ao extremamente competente (e divertido!) time do Administradores.com. Sem saber, vocês foram fonte de inspiração para muitas linhas deste livro. Em especial, aos meus sócios e amigos Diogo Lins e Simão Mairins, e também aos talentosos Eber Freitas, Jorge Albuquerque, Raíza Pacheco, Demetrius Cavalcante, Daslei Bandeira, Lucas Freitas, Maurício Júnior, David Moura, Roger Knupp, Vitão Souza e Victor Souza (não, você não leu errado). Valeu por compartilharem comigo o mesmo sonho!

Ao meu talentoso sobrinho Gabriel Diniz, responsável pela foto da orelha deste livro.

Aos meus eternos professores da Universidade Federal do Rio Grande do Sul, Walter Nique e Luís Klering, que já partiram deste plano, mas que compreenderam como poucos o significado de suas missões como educadores.

A todos os seguidores, autores e professores do Administradores.com, com quem tenho o privilégio de aprender diariamente.

Por fim, às pessoas mais especiais da minha vida.

Aos meus pais, por terem me incentivado e acreditado tanto em mim. Meu pai tem o espírito de um guerreiro espartano, e minha mãe, a sabedoria dos grandes mestres. Não poderia ter tido exemplos melhores em minha vida.

Aos meus irmãos, Marcelo e Márcio – o mais velho e o do meio, respectivamente (eu sou o caçula). O primeiro, meu herói – até hoje, quando estou em apuros, é ele quem me socorre. O segundo, meu mentor intelectual, que me ensinou a jogar xadrez, a desenhar e o fascínio pelas artes.

À minha esposa, Aninha, companheira de todas as batalhas, apoiadora incondicional de todas as minhas ideias, até mesmo das mais malucas (e trabalhosas!). Quando seus olhos brilham, compreendo que estou no caminho certo. *Amor fatti.* Amo o nosso destino e a amo profundamente. Absolutamente nada seria possível sem ela ao meu lado.

Aos meus dois filhos e melhores amigos, Mauricinho e Lilo, meus mestres mirins que me ensinam tanto todos os dias. O orgulho que eu tenho desses dois é tão grande que não cabe em mim. Melhores amigos nós somos e pra sempre seremos.

Minha dívida com todos vocês, reconheço, é impagável. Meu coração estará sempre repleto dessa imensa alegria que somente a mais profunda e sincera gratidão é capaz de proporcionar.

Obrigado por tudo!

SUMÁRIO

15 PREFÁCIO

19 INTRODUÇÃO

Capítulo 1
28 SAINDO DA MATRIX

Capítulo 2
42 CONHECE-TE A TI MESMO

Capítulo 3
60 O RENASCIMENTO DA ADMINISTRAÇÃO

Capítulo 4
68 ONDE ESTUDAR

Capítulo 5
88 ARREGAÇANDO AS MANGAS

Capítulo 6
110 DICAS DE APRESENTAÇÃO

Capítulo 7

120 NETWORKING: A ARTE DE CULTIVAR RELACIONAMENTOS

Capítulo 8

130 CHEGOU A HORA DO TCC

Capítulo 9

142 RUMO À PÓS-GRADUAÇÃO

Capítulo 10

160 OPÇÕES DE CARREIRA

Capítulo 11

176 E SE NÃO DER CERTO?

Capítulo 12

182 ENXERGAR O CAMINHO

189 EPÍLOGO

PREFÁCIO

Quando eu deixei a Engenharia para estudar Administração, há quase trinta anos, encontrei colegas de classe que tinham escolhido o mesmo curso não porque sentiam, como eu, que tinham vocação, mas porque estavam em dúvida do que fazer e viam nessa área a oportunidade de "degustar" diversas áreas do conhecimento, aumentando suas chances de descobrir sua aptidão. Na época, o curso de Administração não estava na elite dos conhecimentos valorizados por nossos pais e pela sociedade. A elite era representada pela tríade Engenharia-Direito-Medicina, verdadeiras oportunidades de emprego e renda.

Os tempos mudaram. A elite do conhecimento viu a procura por seus cursos saturar o mercado. Com muita gente disputando os mesmos cursos, multiplicaram-se escolas de menor qualidade de ensino. As profissões mais valorizadas perderam valor. Pais com estudo mostraram a seus filhos que não estavam felizes nas suas escolhas profissionais.

Nessas três décadas, empreender passou a ser a solução para muitos profissionais que deixaram suas carreiras técnicas insatisfeitos ou para quem perdeu seu emprego para a concorrência ou para as crises. O mundo dos negócios passou a fazer parte dos planos de um número crescente de famílias. O Brasil se tornou uma nação de empreendedores de todos os portes.

Quem empreende busca conhecimentos generalistas sobre gestão ou contrata quem tem esses conhecimentos. Profissionais com conhecimentos de finanças, organização, planejamento, negociação, liderança, compras, vendas, marketing, logística e similares conseguem contribuir e agregar valor e resultados em todas as áreas de qualquer organização que tenha que lidar com recursos limitados para atingir seus objetivos, sejam eles com ou sem fins lucrativos. O conhecimento nessas áreas torna mais eficientes as diversas atividades profissionais.

Nas últimas décadas, os cursos de Administração se mostraram não só uma oportunidade interessante de carreira, como também passaram a ter participação cada vez mais relevante na educação continuada nas áreas de humanas, biológicas e ciências quantitativas mais técnicas. Independentemente da área de formação, hoje o bom profissional só é bom se tiver conhecimentos de negócios.

Na prática, a Administração facilita a vida de todo profissional que tem uma empresa, um consultório, uma loja, uma relação de vários clientes ou uma atividade complexa que envolva compras e vendas. Se você tem que decidir entre quanto retirar do seu trabalho e quanto investir para que ele melhore, você tem que construir e colocar em prática bons planos. Ou seja, você tem que administrar.

A essência da Administração está em agregar diferentes áreas do conhecimento no sentido de refinar as decisões e conduzir empresas e vidas por caminhos melhores na busca de seus objetivos. Porém, administradores de sucesso, como o Leandro Vieira, provam que essa ciência vai muito além do simples conhecimento generalista. O bom administrador é aquele que sabe usar os dois meridianos do cérebro, que sabe ser lógico em momentos emocionais e humano em momentos racionais. Por isso, será bem-sucedido na carreira aquele que souber harmonizar os infinitos ingredientes de sabedoria em decisões que levem a mais resultados com menos recursos.

Leandro sabe como fazer isso, o que fica evidente em sua capacidade de reunir, no maior portal da Administração do Brasil, a prática e a ciência do que há de melhor no mundo do conhecimento administrativo. É esse conhecimento que ele, hábil e generosamente, depura nesta obra cujo propósito não é outro a não ser o de ajudar a formar melhores administradores. Como bem é destacado no início do livro, quisera eu também contar com tão precioso acervo no início de minha carreira. Leia e coloque em prática enquanto é tempo de mudar os rumos de sua carreira e de sua vida!

Gustavo Cerbasi (@gustavocerbasi) é administrador. Sua formação permitiu que se tornasse também escritor, consultor, palestrante, professor, planejador, influenciador, executivo e investidor.

INTRODUÇÃO

Na minha infância, tive a grande sorte de ter sofrido dois graves acidentes e ter saído vivo para contar a história. Fui atropelado aos seis e voei pelo para-brisa do carro aos oito.

Sorte? Como assim? Bom, além da dádiva da vida, fui presenteado com longos meses em casa, fora do sistema escolar. Talvez por isso eu tenha me tornado o doidinho que nunca se enquadrou às normas e rotinas do colégio.

Sem internet, computador nem canais de TV a cabo para ocupar o tempo, passava os dias na frente de livros, gibis e de uma preciosa – e barulhenta – máquina de escrever Remington 33L – o melhor presente que meus pais já me deram.

Foi nessa época, e utilizando essa máquina de escrever como principal instrumento de trabalho, que criei meu primeiro negócio: o Clube Misto Quente.

Funcionava da seguinte forma: eu "anunciava" o clubinho nas seções de cartas das revistas da Disney e do Maurício de Sousa, tipo Tio Patinhas, Cebolinha etc.; crianças do Brasil inteiro me escreviam de volta querendo fazer parte do clube. A partir daí recebiam uma carteirinha de sócio e, mensalmente, o incrível *Jornal Misto Quente*, que eu escrevia na boa e velha máquina. Você aí do outro lado pode estar pensando: *putz, que coisa mais sem graça*. Mas se me perguntassem naqueles dias "Leandro, o que é felicidade?", eu responderia sem pestanejar: "felicidade é esperar o carteiro por volta das 4 horas da tarde e se dar conta de que, das 15 correspondências daquele dia, quatorze são para você". Eu gostava tanto disso que só fui parar com essa história de clubinho lá pelos 12 anos, mas com grande pesar no coração.

Parece que a nossa infância dá boas pistas, mas não revela o mapa do caminho que nós devemos seguir. É muito difícil um jovem que está concluindo o ensino médio, por exemplo, saber exatamente qual carreira escolher ou qual graduação cursar na faculdade. Todo mundo passa por esse período de indefinição.

Comigo não foi diferente. Sério mesmo: eu sou o cara que mais pulou de curso em curso que conheço. Com 16 anos, quando estava no terceiro ano do ensino médio, não fazia a menor ideia de qual curso optar para o vestibular. Sabia apenas que tinha algumas aptidões, mas não sabia como aproveitá--las. Para você ter ideia, em um período de três anos, acabei cursando Direito, Ciências Sociais, Matemática e ainda passei em Jornalismo, mas não cheguei a cursar.

Nesse período de troca-troca de graduação, fui ficando marcado como aquele sujeito que começa algo e não termina. Você sente que as pessoas olham pra você e pensam: *esse aí não sabe o que quer da vida*. E, de fato, era isso. A única coisa que eu sabia era que não estava acertando em minhas escolhas e que esses cursos nada tinham a ver comigo.

Até que fui me dando conta do que realmente gostava, do que realmente tocava o meu coração. Quando me peguei fazendo cursos de gestão nos fins de semana e, durante as monótonas aulas de Direito, lendo livros sobre marketing, empreendedorismo e negócios, descobri, finalmente, qual era minha praia: Administração.

Em uma tarde da última semana para inscrição no vestibular da Universidade Federal da Paraíba, em 1998, liguei para a minha mãe, falei que não aguentava mais o curso de Direito e que estava sentindo um verdadeiro chamado pelo curso de Administração. Caraca, seria o meu quinto curso superior, meu pai iria ficar uma arara e todos os meus anos de estudo anteriores iriam pelo ralo. De novo. Sabe o que ela me disse? "Meu filho, deixa que eu faço sua inscrição, vamos fazer tudo escondido e, quando você passar, a gente conta a novidade". Abandonei Direito naquele dia mesmo, já tendo feito metade da faculdade, embora tenha voltado alguns anos mais tarde, quando comecei a namorar com a minha esposa e passamos, coincidentemente, a estudar na mesma turma. Como já tinha feito metade do curso e estudaria a outra metade com ela, juntei a fome com a vontade de comer, como dizem.

Muito bem. Entrei no curso de Administração cheio de garra e entusiasmo. Botei na cabeça que não tinha mais tempo a perder. Soube aproveitar perfeitamente tudo o que o curso e a faculdade tinham a oferecer – e soube, também, tirar proveito das experiências anteriores e dos conhecimentos adquiridos nos outros cursos pelos quais já havia passado. Percebi que não tinha perdido tempo. Na verdade, havia acumulado uma bagagem interessante que poderia utilizar em benefício próprio. Quando circulamos por diversas áreas do conhecimento, acabamos por enriquecer nossa própria visão de mundo – e, nos negócios, saber enxergar as coisas por diversos ângulos é fundamental.

A paixão pela Administração me levou a fazer algumas coisas bem bacanas. Ainda na faculdade, tive a ideia de construir um website que reunisse todas as pessoas interessadas em Administração – acadêmicos, profissionais, empreendedores e curiosos. Eu estava no terceiro período de Administração, no ano 2000, logo após a quebradeira das empresas pontocom.[2]

Claro que fui motivo de chacota entre colegas e amigos. Como acabei pulando muito de curso em curso, nessa altura já tinha vários amigos da minha idade formados e trabalhando em suas profissões. Quando saíamos, entre advogados, médicos e engenheiros, eu era o universitário que estava criando um site na internet. Piada pronta. O que ninguém sabia era o prazer que eu sentia por fazer aquilo.

Essa ideia resultou no site Administradores.com, hoje o principal veículo on-line do mundo voltado à Administração em língua portuguesa, que recebe milhões de visitas por mês. Mais na frente, lançamos nossa própria escola de negócios, o Administradores Premium, o primeiro streaming brasileiro de negócios, que tem contribuído com milhares de pessoas no mundo inteiro. E criamos também um podcast, Café com ADM, que já foi apontado como o maior podcast de negócios do mundo, onde tenho o privilégio de conversar semanalmente com as maiores mentes do mercado brasileiro.

---

2 FIGO, A. O estouro da Bolha PontoCom que quebrou mais de 500 empresas e é uma assombração até hoje **InfoMoney**, 12 dez 2020. Disponível em: https://www.infomoney.com.br/mercados/o-estouro-da-bolha-pontocom-que-quebrou-mais-de-500-empresas-e-e-uma-assombracao-ate-hoje/. Acesso em: 10 set. 2022.

Paralelamente a todas essas atividades, nunca deixei de aprender e continuei investindo em minha formação de administrador: fiz um MBA internacional em Marketing, fiz mestrado em Administração na federal do Rio Grande do Sul e também um curso de empreendedorismo voltado a negócios na América Latina pela Harvard Business School, além de tantos outros cursos que já perdi a conta. De quebra, pude conhecer pessoalmente algumas das personalidades mais brilhantes do mundo da Administração, como Michael Porter, Prahalad, Chris Anderson, Malcolm Gladwell, Chan Kim, Jack Welch, entre tantos outros. Ah, acabei também finalizando o curso de Direito que havia deixado para trás.

E não é que as pessoas passaram a me olhar de modo diferente?

Um dia me dei conta de que a minha antiga máquina de escrever tinha cedido lugar a um computador Pentium 100, que as cartas que eu recebia agora se chamavam e-mails e que o Clube Misto Quente agora se chamava Administradores.com. Percebi que já adulto estava fazendo exatamente o que fazia quando criança, e descobri que a principal medida de sucesso deve ser uma resposta à seguinte pergunta: *quão feliz você se sente fazendo o que você faz?*

CONSTRUINDO SEU FUTURO

" A melhor maneira
de prever o futuro
é inventá-lo. **"**

Dennis Gabor, o inventor do holograma[3]

Quando comecei a escrever este livro, tentei responder à seguinte pergunta: "como seria o livro que eu gostaria de ter lido durante o meu curso de Administração, mas que nunca tive a oportunidade de ler?". A resposta está em suas mãos. É um livro prático, repleto de exemplos e que provoca importantes reflexões sobre o processo de formação e o próprio exercício da profissão de administrador.

A primeira edição deste livro foi escrita em 2011 e publicada em 2012 com o título *Seu futuro em Administração*. Imagine o quanto o mundo mudou nos últimos dez anos. O quanto nós mudamos. Tivemos um avanço sem precedentes das tecnologias de comunicação, redes sociais passaram a ser predominantes em nossas vidas, no meio do caminho tivemos uma pandemia que virou o mundo de cabeça para baixo e acelerou muitas das transformações pelas quais já estávamos

---

3 Eu sei, você deve achar que essa frase é do Peter Drucker. Na verdade, Drucker cita essa frase em um de seus livros como sendo de Alan Kay, outro gigante a quem devemos o laptop e boa parte da programação orientada a objetos. Kay costumava realmente repetir essa frase como um mantra. E também costumava inventar o futuro. A frase é, na verdade, de Dennis Gabor, o inventor do holograma.

atravessando. Tudo isso impactou e vem impactando fortemente o desenho de um novo perfil profissional.

Ah, no meio disso tudo ainda tivemos a ascensão dos *influencers*, os influenciadores digitais, uma galera popular com uma legião de seguidores que levam muito em consideração o que eles falam. Vários deles são muito bons de verdade, mas a proporção de gente ignorante ou mal intencionada influenciando multidões é muito maior. Um discurso que se tornou bastante comum entre eles é o de que fazer faculdade é perda de tempo, não serve mais para nada, e que você tem que seguir o exemplo do Bill Gates e do Mark Zuckerberg e pular fora desse barco o mais rápido possível – mas para isso, você deve comprar o curso deles de como ficar rico em tempo recorde ou alguma abobrinha similar. Fuja desses charlatões.

O período universitário, quando bem aproveitado, é um divisor de águas em nossas vidas. É um período de buscas e descobertas, de expansão cognitiva, de desenvolvimento de habilidades, de construção de relacionamentos, de caráter e, principalmente, de construção do futuro.

Eu precisava retornar a *Seu futuro em Administração*.

Reli meu livro e, de cara, senti a necessidade de atualizar não só vários dados e informações, mas também vários pensamentos. Logicamente, encontrei princípios contidos naquelas páginas que são atemporais. Algumas passagens, senti que poderia ter me aprofundado mais. Outras, cheguei a pensar: onde eu estava com a cabeça quando escrevi isso? O resultado dessas reflexões é esta nova edição revista, ampliada e vastamente atualizada de *Seu futuro em Administração*, agora com um título que abraça todas essas mudanças.

O melhor administrador do mundo é um livro escrito não apenas para futuros administradores, mas também para futuros profissionais de qualquer área – afinal, a excelência não é exclusiva somente àqueles que frequentaram uma faculdade de Administração, mas, sobretudo, àqueles que a perseguem incansavelmente, que buscam aprender cada vez mais e que nunca se dão por satisfeitos com seus resultados, pois sabem que sempre é possível melhorar, dar um passo adiante, subir mais um degrau. Alguém como você, pois não é por acaso que você está lendo este livro agora.

Vários livros tentam explicar a fórmula do sucesso. São quilos e quilos de frases bonitas e muita filosofia para desvendar um mecanismo bastante óbvio. Sucesso, em resumo, é uma questão de dedicação e trabalho duro em cima de um objetivo que faz valer esse esforço todo. Isso é com cada um. Porém, se conseguirmos alinhar nossas escolhas às nossas aptidões, teremos meio caminho andado. Quando afinamos bem esses elementos – escolhas e aptidões –, passamos a desempenhar muito melhor tudo aquilo que nos propomos a fazer.

Minha intenção com este livro é muito simples: fazê-lo refletir se você nasceu mesmo para a Administração e, em caso positivo, como tirar proveito máximo da profissão que escolheu. Se você colocar em prática os conselhos apresentados aqui, o sucesso será simplesmente uma consequência. Isso eu posso garantir.

Pronto para começar?

Leandro Vieira

A principal medida de sucesso deve ser uma resposta à seguinte pergunta: quão feliz você se sente fazendo o que você faz?

CAPÍTULO 1

SAINDO DA MATRIX

Morpheus estende as mãos para Neo. Em uma das mãos, revela uma pílula de cor azul. Na outra, uma de cor vermelha.

"Esta é a sua última chance. Depois disso, não haverá caminho de volta. Se você tomar a pílula azul, a história acaba, você acordará em sua cama e irá acreditar no que quiser acreditar. Se você tomar a pílula vermelha, permanecerá no Mundo das Maravilhas e eu irei lhe mostrar onde vai dar o buraco do coelho."[4]

Essa passagem do filme *Matrix*, aparentemente simples, ilustra perfeitamente uma verdade incontestável: nossa vida é fruto de nossas escolhas. Todo santo dia, tomamos várias decisões e, das menores às mais importantes, forjamos nosso destino.

Para amenizar o peso dessa responsabilidade, muitas vezes nos abraçamos ao autoengano de que outras pessoas são responsáveis por nossas próprias decisões. "Escolhi essa carreira porque meus pais me obrigaram", "larguei a faculdade para cuidar dos meus filhos", "não trabalho porque meu marido

---

[4] MATRIX. Direção: Lana Wachowski e Lilly Wachowski. EUA: Village Roadshow e Silver Pictures, 1999. Vídeo (136 min).

não deixa", "não aprendi nada nessa disciplina porque o professor não sabia ensinar", e por aí vai. Há também aqueles que põem a culpa no acaso: "não consigo nada porque não tenho sorte". *Bullshit!* Conscientes ou não, estamos sempre escolhendo entre a pílula azul e a vermelha.

Antes de prosseguir com a leitura, tire algum tempo para refletir.

Quais escolhas você anda fazendo ultimamente? Elas o têm levado a progredir ou você se sente patinando em determinados momentos?

Administrar significa tomar decisões. O administrador é, por excelência, um tomador de decisões.

Qual pílula você escolheria: a azul ou a vermelha?

Tenho certeza de que você conhece um monte de gente que toma uma dose da pílula azul todos os dias. Eles vão para a faculdade, assinam a chamada, fazem o que lhes é cobrado, mas sem se esforçar mais do que o necessário, às vezes tentam enganar um professor ou um superior com desculpas ou pequenos golpes (como o velho truque do *ctrl+c/ctrl+v* na hora de fazer um trabalho) – e se sentem o máximo quando conseguem. A quem eles estão enganando?

Tomar a pílula vermelha significa assumir as rédeas de seu destino. Isso porque você é o responsável por cada simples escolha de sua vida. Ser um profissional excelente não é uma questão de talento ou de graça divina. É uma escolha.

Como diria Morpheus: "há uma diferença entre conhecer o caminho e TRILHAR o caminho". Eu posso apenas lhe mostrar a porta, mas só você pode atravessá-la.

TOMANDO A PÍLULA AZUL

Giuseppe nasceu para vender. Está sempre comprando e vendendo alguma coisa. Um comerciante nato. O cara também é artista: toca muito bem uma porção de instrumentos e tem a própria banda.

O pai de Giuseppe é funcionário público e a mãe também. Um casal conservador e totalmente avesso a riscos. Martelaram a vida toda na cabeça do garoto que ele deveria preparar-se para prestar concurso público.

Adivinha qual carreira Giuseppe escolheu seguir?

Se a primeira coisa que lhe veio à mente foi Direito, BINGO! Você acertou!

Recentemente, Giuseppe se formou. É o mais novo bacharel em Direito do pedaço. Agora está naquela de não saber o que fazer com o canudo: *Presto a OAB? Entro em uma pós? Faço um curso preparatório para concurso? O que eu faço?*

Seth Godin, badalado autor de livros de comunicação e marketing, diria o seguinte: "para ser o melhor do mundo (não do mundo todo, mas do *seu* mundo particular), a pessoa deve saber persistir em algo que vale a pena e saber desistir quando embarcar em uma canoa furada."[5]

Temos o costume de exaltar quem persiste e conquista algo – e também de olhar com maus olhos quem desiste. Acontece que saber desistir faz parte do processo de vencer.

---

5 GODIN, S. *O melhor do mundo*. Rio de Janeiro: Sextante, 2008.

Quando Giuseppe me pediu conselho, foi exatamente isso que disse a ele. Nossas escolhas devem sempre se alinhar a nossas inclinações, com nossos pontos fortes. Agir de maneira contrária é nadar contra a maré. Pensar que perdeu cinco anos da vida fazendo o curso errado também é bobagem. Perder tempo é passar a vida toda fazendo algo que você não nasceu para fazer, que você não gosta e em que não vê sentido. Ele é muito jovem: tem apenas 22 anos e uma vida pela frente.

Quanto mais cedo chutarmos o pau da barraca, melhor – é mais fácil para ajustar as velas e tomar o rumo certo.

VOCÊ NASCEU PARA A ADMINISTRAÇÃO?

O administrador é o elemento dinâmico e vital de toda e qualquer organização.[6] Essa frase não é minha. É de Peter Drucker, considerado o pai da administração moderna.

Quando ainda estamos no colégio, não temos muita noção do que vem a ser Administração. Sabemos perfeitamente o que faz um médico, um advogado ou um engenheiro, mas temos pouca noção dos papéis desempenhados por um administrador. Acabamos formando uma imagem errada, ou talvez limitada, do que é ou do que faz esse profissional. Nossos pais e parentes mais velhos, normalmente nossos

---

6 No original, Drucker se refere a empresas, mas o termo organização é mais abrangente, pois compreende entidades de natureza pública, privada e não governamental. DRUCKER, P. F. **Prática da administração de empresas.** São Paulo: Pioneira Thomson, 2002.

habituais conselheiros, também não têm uma noção exata. Talvez eles tenham crescido em um mundo em que o curso de Administração ainda era uma novidade. Talvez por essa razão os conselhos que eles costumam nos dar sejam sempre do tipo: "Faça Medicina ou Direito." No tempo deles, nossos avós ainda davam uma terceira opção: a de ser padre. Não é por mal, acredite.

A coisa mudou muito de figura. Atualmente, o curso de Administração é a terceira carreira universitária com o maior número de alunos matriculados no Brasil.[7] São mais de 620 mil alunos. Para você ter ideia, o número de alunos matriculados em Administração chega a ser mais de 40% superior ao número de alunos do quarto maior curso, Contabilidade. Ficou curioso para saber quais são os primeiros lugares? O segundo colocado é o curso de Direito, com mais de 750 mil alunos matriculados, e o primeiro, uma grata surpresa, é o curso de Pedagogia, com mais de 816 mil alunos.

O que isso pode significar? Muitas coisas.

Em primeiro lugar, a economia brasileira cresceu muito nas duas últimas décadas. Ainda que seja muito difícil administrar um negócio em nosso país – até 2020, estávamos apenas no 124º lugar entre 190 países em um ranking elaborado pelo Banco Mundial[8] que elenca as nações conforme a facilidade

---

7 INEP. **Censo da Educação Superior 2020 – Resultados.** 2020. Disponível em: https://www.gov.br/inep/pt-br/areas-de-atuacao/pesquisas-estatisticas-e-indicadores/censo-da-educacao-superior/resultados. Acesso em: 10 set. 2022.
8 BRASIL cai para a 124º posição em ranking que avalia a facilidade para fazer negócios em 190 países. **Estadão**, 24 out. 2019. Disponível em: https://economia.estadao.com.br/noticias/geral,brasil-cai-para-a-124-posicao-em-ranking-que-avalia-a-facilidade-para-fazer-negocios-em-190-paises,70003062043. Acesso em: 10 set. 2022.

para se fazer negócios –, as oportunidades pululam por aqui. Como resultado direto, temos mais de 19 milhões de empresas devidamente registradas nas juntas comerciais[9] – a maior parte sem a menor noção de como se administra um negócio. É um mercado e tanto, querido leitor, o que torna evidente a necessidade de mais – e melhores – administradores.

Outra conclusão evidente, prezado leitor, é que você escolheu a profissão com um expressivo número de concorrentes. Com tantos administradores por aí, você não pode se conformar em ser apenas mais um. Meu principal objetivo com este livro é inspirá-lo a ser um administrador fora de série, alguém realmente excelente, com mentalidade de crescimento e fome de aprender, o profissional necessário em qualquer tipo de organização, alguém que, de fato, faça a diferença.

Por fim, o ponto mais marcante é que esse interesse crescente pela Administração revela um processo de mudança cultural em nossa sociedade. Parece-me – e espero não estar errado – que estamos acordando para a grande necessidade de gerirmos nossos negócios com mais profissionalismo, que estamos deixando de lado aquela busca obsessiva por estabilidade tão comum aos "concurseiros de plantão", e que nossos pais terão muito orgulho de nós, mesmo que não sejamos médicos, advogados – ou padres.

---

9 BRASIL. Ministério da Economia. Secretaria Especial de Produtividade e Competitividade. Secretaria de Inovação e Micro e Pequenas Empresas. **Mapa de Empresas: Boletim do 1º quadrimestre/2022.** 2022. Disponível em: https://www.aen.pr.gov.br/sites/default/arquivos_restritos/files/documento/2022-06/mapa-de-empresas-boletim-do-1o-quadrimestre-de-2022.pdf. Acesso em: 20 set. 2022.

ADMINISTRADORES PODEM MUDAR O MUNDO

Aposto o que você quiser. Em algum tempo de sua vida, você já teve o desejo de mudar o mundo, de transformar a realidade à sua volta e de deixar sua marca por aqui. Acertei? Lá pelas tantas, alguém tentou convencê-lo de que essa é uma tarefa impossível e que você não pode mudar o mundo. E aí você se deu conta de que a Terra gira independentemente de sua presença, que você é só mais um nesse balaio de gatos e que deve cuidar da própria vida antes de querer cuidar da dos demais. Acertei de novo?

Pois é. Dizem por aí que não podemos mudar o mundo. Em contrapartida, nunca se falou tanto em como o mundo vem mudando em um ritmo tão veloz. Gestão da Mudança tornou-se, inclusive, uma disciplina exclusiva dentro da Administração. O grande paradoxo dos tempos atuais é que, ao mesmo tempo que querem convencê-lo de que você não pode mudar o mundo, exigem que você seja um profissional flexível e adaptável a – pasmem! – mudanças.

Ora, as coisas mudam porque as pessoas mudam. Alguém dá um passo à frente e os outros seguem logo depois. Somos todos agentes de mudança, tenhamos consciência ou não. O legal é que, quando nos damos conta disso, nosso papel se torna muito mais relevante – e os impactos de nossas ações muito mais significativos. Da próxima vez que alguém lhe disser que você não pode mudar o mundo, não dê ouvidos. O mundo está sempre mudando, e eu, você e todos nós afetamos e somos afetados por essa contínua mudança.

SAINDO DA MATRIX

Querer mudar o mundo é um desejo saudável e totalmente necessário. Quer saber mais? As melhores empresas do Brasil e do mundo procuram identificar justamente essa característica em seus processos de seleção. Desejam atrair gente que quer fazer a diferença – e é assim que, de fato, fazem a diferença.

Quando tive a ideia de lançar o Administradores.com, em particular, vislumbrei a possibilidade de contribuir para o avanço da área de Administração em nosso país. Mais de 20 anos depois, essa ideia inicial se transformou em um verdadeiro ecossistema de difusão e troca de conhecimentos que atinge mais de 10 milhões de pessoas todos os meses.

Sempre tive total consciência de que as redes sociais, os grupos de discussão e os sites especializados geram possibilidades imensas e concretas de crescimento. Cada vez que alguém se debruça sobre uma discussão e exercita sua capacidade de argumentar e expor opiniões, cresce um pouquinho. É algo que nos aproxima do que o filósofo tunisiano Pierre Lévy cunhou de "inteligência coletiva".[10] Essa atividade foi – e continua sendo – fundamental em minha formação profissional, pessoal e intelectual. Participar de grupos de discussão, comunidades do LinkedIn e Facebook e escrever artigos, por exemplo, são formas diferentes de se construir conhecimento – algo que a simples frequência às aulas tradicionais não alcança e não chega nem perto. Se conseguirmos estimular isso de alguma forma, estaremos contribuindo para a formação de

10 INTELIGÊNCIA coletiva. **Mundo Educação.** Disponível em: https://mundoeducacao.uol.com.br/informatica/inteligencia-coletiva.htm. Acesso em: 10 set. 2022.

pessoas melhores, que serão melhores em suas organizações, gerando organizações que serão melhores em nosso mundo.

Pode até parecer um discurso idealista, utópico, uma luta contra os moinhos, mas é a forma que encontrei de atirar as estrelas de volta ao mar – e de trazer mais pessoas para essa caminhada.

Administradores podem mudar o mundo. Essa é uma verdade muito poderosa.

A PERGUNTA QUE NÃO QUER CALAR É: VOCÊ NASCEU PARA SER ADMINISTRADOR?

Já vi esta cena incontáveis vezes. O sujeito começa a faculdade e se inscreve em uma série de disciplinas importantes, diga-se de passagem, mas sem relação direta com o escopo principal do curso, como Filosofia, Sociologia, Português, Cálculo e por aí vai. Em pouco tempo, entra em crise existencial, achando que fez a escolha errada.

Vamos com calma.

A maior parte das pessoas passa por isso. Toda faculdade, por melhor que seja, é diferente da imagem que temos antes de entrar. As propagandas dos cursos de Administração também contribuem para formarmos esse tipo de imagem – dez entre dez mostram homens de terno e gravata e mulheres bem-vestidas, sempre com aquele ar de vencedor (enquanto escrevo estas linhas, anoto para lembrar minha editora de não utilizar esse tipo de clichê na capa do livro). A realidade acadêmica de provas, trabalhos e aulas expositivas pode ser um banho de água fria, mas isso não quer dizer que você não tenha nascido pra coisa.

Primeiro, quero destacar a relevância da Administração. Pense nas coisas que você faz diariamente. Desde o momento em que acorda, tudo – absolutamente tudo – o que o rodeia é proveniente de alguma organização pública ou privada (empresa). A luz do seu quarto, o colchão e a cama onde dorme, seu pijama, roupas, tênis, água, os alimentos de sua casa, o carro de sua família, seu computador, os sites que você visita, o aplicativo de mensagens que você usa para se comunicar com os amigos, sua própria educação, enfim, tudo a seu redor decorre da atividade de alguma organização. Isso é um fato. Vivemos em uma sociedade de organizações, e nossa vida é profundamente afetada por elas. Dependemos delas para viver.

Por trás de cada organização, seja ela grande, média ou pequena, há sempre a figura de um administrador. Quase posso ouvir você resmungando aí do outro lado, dizendo que nem sempre esse papel é exercido por alguém realmente formado em Administração. Correto. Existe uma longa discussão, a qual não pretendo estender neste livro, buscando responder se administrar é somente para administradores ou se qualquer pessoa pode administrar. Vejo que gastam muita energia com um debate longo e inútil. Se é para registrar minha opinião, não acho que nenhum título acadêmico confere a alguém capacidade necessária para exercer qualquer profissão. Existem inúmeros economistas, engenheiros, médicos e até pessoas sem formação superior que se revelam ótimos na arte de administrar. A diferença é que nenhum outro curso prepara tão bem para essa nobre e vital atividade quanto o curso de Administração. São mais de 3 mil horas apenas em sala de aula, em disciplinas planejadas especificamente para formar um administrador.

Comecei este capítulo falando de uma passagem de *Matrix* e resumindo a essência da Administração: tomar decisões.

Saber se você nasceu para a Administração é simples: você se vê na pele de alguém que precisa tomar decisões diariamente?

Nunca é tarde para começar

Certa vez, em uma comunidade de Administração, um dos usuários relatou ter escutado os seguintes comentários de um "especialista" na rádio CBN:

> (...) Dos 18 aos 26 anos, é a fase do aprendizado; dos 27 aos 35 anos é a fase da coragem, quando o indivíduo trabalha. Dos 35 aos 45 anos é a fase da colheita, quando o indivíduo colhe os frutos do trabalho; e dos 45 em diante é a fase da experiência, em que o indivíduo se considera com o vigor da idade de 25 anos, porém com experiência, mas já não encontra tanto campo para trabalho. Pessoas que estão

com 26 anos e estão procurando estágio estão atrasadas.

O comentário do consultor deixou o sujeito extremamente preocupado e desanimado, pois ele tinha 30 anos e havia começado Administração há pouco tempo.

Tarde demais para começar?

Ora, o dito especialista não poderia ter feito generalização pior. Quer algo mais senso comum que isso? Se você tem 30, 40 ou 60 anos e quiser escutar esses conselhos, melhor comprar logo uma caixa de antidepressivos.

Como professor antes dos 30, tive muitos alunos de Administração que tinham o dobro ou mais da minha idade. Os caras eram feras, tinham muita experiência, contribuíam muito para as aulas e acabavam tirando grande proveito da faculdade.

Não devemos enxergar a idade avançada como uma desvantagem para se iniciar um novo curso ou uma nova carreira, porque não é. Se você começou o curso de Administração mais tarde, saiba tirar proveito disso. Toda a sua história de vida, sua maturidade e experiências profissionais e pessoais irão contribuir para que você extraia ainda mais do curso.

Administradores podem mudar o mundo. Essa é uma verdade muito poderosa.

CAPÍTULO 2

CONHECE-TE A TI MESMO

O exercício de qualquer profissão pressupõe o domínio de determinado conjunto de habilidades. Ao longo de sua formação, você desenvolverá a maior parte dessas habilidades como parte de um processo natural.

Entretanto, até mesmo como um recurso estratégico para tirar máximo proveito do curso, é importante estar ciente de quais características são importantes para um estudante e futuro profissional de Administração e buscar desenvolvê-las *conscientemente*.

HABILIDADES PESSOAIS ESSENCIAIS PARA O FUTURO ADMINISTRADOR

A professora inglesa Barbara Allan, da Hull University Business School, delineou algumas dessas características,[11] sobre as quais teço meus próprios comentários a seguir.

---

[11] ALLAN, B. **Study Skills for Business and Management Students**. Nova York: McGraw Hill, 2009.

Independência

Você deve estar apto a caminhar com os próprios pés, saber buscar informações, aprender por conta própria (ser autodidata) e, inclusive, ter humildade para pedir ajuda quando necessário. Não fique pensando que o bom administrador é uma espécie de super-homem imbatível, que tem todas as respostas. Negativo. Nunca teremos todas as respostas, mas também nunca devemos nos dar por satisfeitos por não tê-las.

Capacidade de trabalhar com outras pessoas

Inevitavelmente, seja qual for o porte da organização na qual você está inserido, você irá trabalhar com outras pessoas. Fato. Saber lidar com os demais, aceitar suas particularidades, controlar o próprio gênio, independentemente de exercer o papel de líder em um grupo (falarei sobre liderança mais adiante, não se preocupe), são questões fundamentais para seu sucesso como administrador.

Particularmente, aprendi isso no tapa. Em minha adolescência, fiz parte do grêmio estudantil do colégio. Sabe aquele sujeito que pega todo o trabalho pra si para depois ficar reclamando que ninguém faz nada e só ele é responsável por tudo? Eu era esse cara. Certa vez, em um bate-boca na sala de reuniões, um dos membros do grupo se virou pra mim e disse: "Leandro, você é muito bom no que faz *sozinho*, mas não sabe nem um pouco trabalhar em equipe." Essa foi a melhor bofetada que já levei na vida vinda de um garoto de 15 anos. A partir desse dia, passei a mudar minhas atitudes e minha própria percepção sobre trabalhar com outras pessoas, e isso foi algo decisivo na vida profissional que vim a desenvolver muitos anos depois. Espero poder encontrar novamente aquele garoto para lhe agradecer pelo que fez por mim.

Anote o que vou dizer agora, pois se trata possivelmente do conselho mais poderoso deste livro inteiro: *só conseguimos as coisas – qualquer coisa! – através das pessoas*. Não quero soar utilitarista quando digo isso, muito pelo contrário. O que quero deixar evidente para você, caro leitor, é que todas as nossas conquistas não são individuais. Haverá sempre a contribuição de incontáveis pessoas. Observe sua própria história de vida e tente reconhecer essas pessoas. O professor que o encorajou a aprender algo, alguém que lhe deu uma oportunidade de estágio ou emprego, o sujeito que criticou alguma atitude errada sua ou o outro que elogiou seu trabalho. Seus pais. Sua companheira ou companheiro. Reconheça – e seja sempre grato.

Automotivação

É fundamental que você não fique esperando estímulos externos para fazer o que tem de fazer. Espero não me tornar repetitivo, mas vou sempre lembrá-lo de que você está no comando de seu destino. O profissional automotivado sempre vai além do que lhe é solicitado – e ele não faz isso para agradar a alguém. Na verdade, ele tem a necessidade de agradar, primeiramente, a si mesmo. O resto é consequência.

Como estudante universitário, certas situações vão, inevitavelmente, frustrar suas expectativas iniciais. Se você for automotivado, saberá contorná-las e, até mesmo, transformá-las em oportunidades de crescimento.

Ser organizado

Estudantes de sucesso são estudantes organizados. Não, não estou falando de ter um quarto limpo e gavetas arrumadas, até mesmo porque sou um sujeito muito bagunçado e não sou nem um pouco adepto do lema "faça o que eu digo, mas não o que eu faço". Ser organizado significa ter a mente organizada, ter a capacidade de entender como as coisas funcionam, saber dividir tarefas complexas em etapas simples e gerenciar bem o tempo para conseguir dar conta de tudo.

Diferentemente do que acontece no mundo real, o mundo acadêmico conta com um recurso que facilita – e muito – a nossa vida: a divisão do curso em disciplinas alocadas em uma série de blocos semestrais. Isso nos permite, por exemplo, planejar uma série de eventos futuros, pois sabemos a maior parte do que irá ocorrer se tudo transcorrer em seu percurso natural, daqui a um mês (semana de provas, ugh!), no semestre seguinte ou até mesmo daqui a quatro ou cinco anos.

No meu tempo de estudante, já calejado por ter trocado tantas vezes de curso, eu tinha uma planilha de Excel com uma programação detalhada de minhas atividades mês a mês até o fim do curso. Esse tipo de organização me permitiu, além de concluir o curso um semestre antes de minha turma, planejar todas as minhas férias durante a faculdade de modo a aproveitá-las da melhor maneira possível (como passar um tempo em um país estrangeiro aprendendo um idioma).

Habilidade de trabalhar com incertezas e mudanças

Dizem que nós, brasileiros, já nascemos com essa habilidade. Devido aos diversos momentos turbulentos de nossa história, aprendemos a lidar relativamente bem com crises, mudanças e outras intempéries. Sua vida acadêmica sempre será repleta de incertezas – e você deve saber como se virar quando alguma coisa se desviar do planejado (e, acredite, isso vai acontecer inúmeras vezes). Os exemplos são inúmeros: mudança de professor no meio do semestre; um colega que ficou responsável por levar o pen-drive com a apresentação do trabalho e esqueceu; uma prova coincidir com a data de realização de outra; uma oportunidade de estágio que apareceu do nada; e por aí vai. Esteja sempre aberto e preparado para as mudanças.

Essas características são muito valorizadas por empregadores, além de serem essenciais para quem quer estar à frente de um negócio próprio. Discorrerei sobre outras habilidades fundamentais para o administrador ao longo deste livro.

IDENTIFICANDO SUAS FORÇAS E FRAQUEZAS

Ao longo do curso – e de sua própria carreira como administrador –, você utilizará muitas vezes uma abordagem conhecida por Análise SWOT, criada pelos professores da Harvard Business School Kenneth Andrews e Roland Christensen. SWOT é uma sigla formada pelos termos:

Strengths – Forças

Weaknesses – Fraquezas

Opportunities – Oportunidades

Threats – Ameaças

Essa metodologia se baseia no estudo dos ambientes interno e externo da organização, e fornece ao administrador importantes subsídios para o delineamento das estratégias organizacionais.

Da mesma forma que utilizamos a análise SWOT em um negócio, podemos utilizá-la pessoalmente, apontando nossas próprias forças e fraquezas e, posteriormente, identificando as diversas oportunidades e ameaças que nos rodeiam.

Neste momento inicial, vamos nos concentrar apenas na primeira parte da análise. O primeiro passo consiste em um verdadeiro exercício de autoconhecimento. Não pense que identificar suas próprias forças e fraquezas é uma tarefa simples. Ledo engano. Todos nós temos a tendência de maximizar nossos pontos fortes e minimizar nossos pontos fracos. Beleza, gostar de si mesmo nunca é demais, mas, se quisermos crescer de verdade, precisamos ser sinceros com nós mesmos.

O questionário elaborado por Barbara Allan irá ajudá-lo a identificar seus pontos fortes e fracos em três grupos de competências fundamentais da Administração:

* Competências de comunicação e de trabalho em equipe;
* Competências de planejamento e de gestão do tempo;

* Competências de resolver problemas e domínio de tecnologias da informação.

Complete o questionário, avaliando cada item conforme seu grau de domínio da atividade correspondente, que pode ser mínimo, básico ou avançado. Os resultados irão lhe fornecer um verdadeiro mapa de suas forças e fraquezas, o que será extremamente útil para você saber em quais áreas precisa investir, seja para corrigir falhas ou para potencializar os pontos em que já é bom. Atenção: não existe resposta correta nesse exercício. O importante é que você seja extremamente sincero ao responder às questões.

Exercício 1: Identificando suas competências

Competências de comunicação e de trabalho em equipe

Área	Avalie sua performance nos seguintes itens	Habilidades mínimas ou nenhuma	Habilidades básicas	Habilidades avançadas
Competências de comunicação	Escrever relatórios, projetos e artigos			
	Falar em público			
	Falar em encontros			
	Motivar outras pessoas			

Área	Avalie sua performance nos seguintes itens	Habilidades mínimas ou nenhuma	Habilidades básicas	Habilidades avançadas
Competências de comunicação	Influenciar outras pessoas			
	Networking			
Competências de trabalho em equipe	Trabalhar em uma equipe heterogênea			
	Compartilhar ideias e experiências			
	Escutar ou-tras pessoas			
	Ajudar e enco-rajar os demais			
	Dar e receber feedback			
	Pedir ajuda			
	Elogiar			

Competências de planejamento e de gestão do tempo

Área	Avalie sua performance nos seguintes itens	Habilidades mínimas ou nenhuma	Habilidades básicas	Habilidades avançadas
Competências de planejamento	Estabelecer metas e objetivos			
	Planejar e orga-nizar o trabalho			
	Tomar decisões			

Área	Avalie sua performance nos seguintes itens	Habilidades mínimas ou nenhuma	Habilidades básicas	Habilidades avançadas
Competências de planejamento	Conectar-se a outras pessoas			
	Manter registros escritos			
	Checar detalhes			
	Monitorar o progresso			
Competências de gestão do tempo	Ser pontual			
	Planejar e organizar o tempo			
	Cumprir prazos			
	Priorizar atividades			
	Ser capaz de executar várias tarefas			

Competências de resolver problemas e domínio de tecnologias da informação

Área	Avalie sua performance nos seguintes itens	Habilidades mínimas ou nenhuma	Habilidades básicas	Habilidades avançadas
Competências na resolução de problemas	Identificar problemas			
	Analisar problemas			
	Procurar por soluções			

Área	Avalie sua performance nos seguintes itens	Habilidades mínimas ou nenhuma	Habilidades básicas	Habilidades avançadas
Competências na resolução de problemas	Pensar criativamente			
	Pensar logicamente			
	Compartilhar ideias com os outros			
	Escolher e implementar uma solução			
Domínio de tecnologias da informação	Usar processadores de texto, como o Word, Pages etc.			
	Usar programas de banco de dados, como o Access, Bento, File Maker			
	Usar programas de planilhas financeiras, como o Excel, Numbers etc.			
	Usar programas de apresentações, como o PowerPoint, Keynote etc.			

Área	Avalie sua performance nos seguintes itens	Habilidades mínimas ou nenhuma	Habilidades básicas	Habilidades avançadas
Domínio de tecnologias da informação	Usar programas de e-mail, como Gmail, Outlook, Mail, Thunderbird etc.			
	Usar programas de gerenciamento de projetos, como o MS Project			
	Fazer buscas avançadas na internet			
	Utilizar redes sociais, como o Facebook, Instagram, Twitter, Linkedin etc.			
	Utilizar ferramentas como blogs, wiki etc.			

Fonte: Adaptado de Barbara Allan, 2009.

Com base nos resultados de sua autoavaliação, fica muito mais fácil estabelecer um plano de ação para seu desenvolvimento pessoal. Recomendo que programe uma atividade por mês de cada grupo, buscando aumentar seu domínio em cada competência específica. Complemente as atividades lendo livros específicos sobre cada assunto, independentemente do volume de leitura cobrado naturalmente pela faculdade.

Este exercício é extremamente importante para que você possa estar preparado para identificar e aproveitar muito bem as oportunidades que irão surgir em sua vida, e também para evitar e contornar as ameaças que sempre aparecem no meio do caminho. Quando você estiver realmente pronto, desenvolverá uma habilidade que é praticamente um superpoder: não tentará mais evitar as adversidades. Saberá exatamente como usá-las a seu favor, transformando obstáculos em oportunidades.

DEVO INVESTIR NAS ÁREAS EM QUE SOU FRACO OU NAQUELAS EM QUE SOU FORTE?

Se essa questão fosse feita em sala de aula, eu responderia, orgulhoso: "excelente pergunta!"

Para cada pessoa a quem você fizer essa pergunta haverá uma resposta diferente. Uns dirão que você deve atingir o equilíbrio nessas áreas; outros, que deve suprir suas fraquezas primeiro. Por fim, outros dirão que vale mais a pena potencializar suas habilidades naquilo em que você já é bom, esquecendo seus pontos fracos.

Recomendo que você minimize suas principais fraquezas e invista pesado em seus pontos fortes. Por exemplo: se você tem boas habilidades de comunicação, busque turbiná-las ainda mais. Faça cursos de oratória, aproveite sempre as oportunidades em que puder falar, converse, faça um curso específico de português, crie um blog e por aí vai. Por outro lado, se seu domínio de tecnologias da informação for pífio, você também não pode simplesmente deixar essa fraqueza de lado. É importante dedicar parte do tempo para ampliar seu domínio desse grupo de competências. Não é preciso que você vire um hacker, mas é importante que tenha familiaridade e se sinta à vontade ao sentar na frente de um computador.

UMA QUESTÃO DE INTELIGÊNCIA(S)

Você se acha inteligente? Antes de responder a essa pergunta, vamos refletir um pouco sobre o que vem a ser inteligência, pois isso também é importante para o seu processo de autoconhecimento.

Durante muito tempo, o conceito de inteligência foi caracterizado por um padrão *único*: acreditava-se que as pessoas nasciam com *determinada quantidade* de inteligência; dificilmente essa quantidade poderia ser alterada, em virtude de seu caráter *genético*; e essa inteligência era *mensurável*, podendo ser medida através de testes de QI ou instrumentos similares. No fim da década de 1970 e início da de 1980, Howard Gardner,[12] notório psicólogo e pesquisador da Universidade de

---

[12] Eu só tive acesso às ideias de Gardner em meados da década de 2000, em meu mestrado em Administração. Antes disso, nesse campo, conhecia apenas a obra seminal de Daniel Goleman, Inteligência Emocional. Jamais poderia sonhar, naquela época, que um dia esses dois gigantes se tornariam professores do Administradores.com.

Harvard, quebrou essa noção desenvolvendo uma nova perspectiva, a qual chamou de teoria das inteligências múltiplas.[13]

As bases para as conclusões de Gardner envolvem evidências antropológicas e sobre o estudo da mente humana. Através de uma investigação multidisciplinar, o autor chegou à seguinte definição: a inteligência é "um potencial biopsicológico para processar informações que pode ser ativado em um cenário cultural para solucionar problemas ou criar produtos que sejam valorizados por uma cultura". E foram justamente essas capacidades diversas de processamento da informação que Gardner chamou de *inteligências*, no plural. Segundo o autor, elas se dividem em, pelo menos, sete tipos. São elas:

1. **Inteligência linguística.** Envolve a sensibilidade para a língua falada e escrita e tem origem na esfera auditivo-oral. Incluem-se, nesse campo, a habilidade de aprender línguas estrangeiras, a capacidade de construir narrativas e o uso da língua para atingir determinados objetivos. Podemos, por exemplo, identificar pessoas de inteligência linguística elevada entre escritores, poetas, advogados e locutores.

2. **Inteligência lógico-matemática.** Denota a capacidade de analisar problemas com lógica, realizar cálculos e operações matemáticas, e mover-se no mundo dos números. É a inteligência dos

---

13 GARDNER, Howard. **Inteligência:** um conceito reformulado. Rio de Janeiro: Objetiva, 2001.

matemáticos, dos físicos, dos engenheiros e de outros profissionais que exercem atividades afins.

3. Inteligência musical. Envolve especial habilidade na atuação, na composição e, também, na apreciação da música e de padrões musicais. Gardner acredita que essa inteligência tem uma estrutura quase paralela à da inteligência linguística, não havendo sentido caracterizar uma de inteligência (a linguística) e a outra de talento.

4. Inteligência espacial. Trata-se da capacidade de reconhecer e manipular os padrões do espaço, envolvendo também a criação de representações ou imagens mentais espaciais. É a inteligência dos pilotos de avião, dos arquitetos, pintores, escultores, jogadores de xadrez, entre outros.

5. Inteligência corporal-cinestésica. Essa quinta representação mental acarreta a capacidade, ou potencial, de resolver problemas ou criar produtos utilizando partes do corpo, como as mãos ou a boca. Esse tipo de inteligência é fundamental para artesãos, cirurgiões, mecânicos, atletas, atores e dançarinos, por exemplo.

6. Inteligência interpessoal. É a capacidade de compreender as intenções, as motivações e os desejos dos outros, sabendo, consequentemente, trabalhar de modo eficiente com terceiros. É a inteligência do relacionamento social efetivo, da empatia, da liderança, da diplomacia e da influência social. De fato, é a inteligência que encontramos

nos bons professores, vendedores, líderes políticos e religiosos, para citar alguns exemplos.

7. **Inteligência intrapessoal**. Complementando a inteligência interpessoal, a inteligência intrapessoal dirige-se à própria pessoa, ao seu interior. Trata-se da capacidade de conhecer a si próprio, identificar seus sentimentos, objetivos, medos, forças e fraquezas pessoais e, ao mesmo tempo, ter domínio sobre suas emoções e sobre si mesmo.

Cada pessoa possui uma mistura singular de inteligências. Uma vez que se sabe que as pessoas apresentam enormes diferenças nas formas como adquirem e representam o conhecimento, o grande desafio dos administradores passa a ser o de fazer com que essas diferenças sejam o ponto central na administração de pessoas.

Talvez você esteja um pouco intrigado com essa questão das inteligências, buscando refletir em quais delas se sai melhor ou até mesmo buscando identificar qual é a inteligência mais importante para um administrador. É importante saber que todos nós somos capazes de nos desenvolver em todos os campos da inteligência – independentemente de termos uma inclinação maior para uma ou para outra. O fundamental é você se conhecer bem. *Conhece-te a ti mesmo*. Era essa a inscrição da entrada do Templo de Delfos, na Grécia antiga, sobre a qual Sócrates construiu sua filosofia.[14] Somente conhecendo

---

14 MENEZES, P. Conhece-te a ti mesmo. **Toda Matéria**. Disponível em: https://www.todamateria.com.br/conhece-te-a-ti-mesmo/. Acesso em: 10 set. 2022.

a si mesmo alguém é capaz de modificar a relação que tem consigo, com os outros e com o mundo.

Cada um é inteligente à sua maneira, e o respeito às diferentes formas de apreensão cognitiva é a chave para uma liderança eficaz e uma administração bem-sucedida. O maior desafio, entretanto, é o que se coloca à humanidade, proposto pelo próprio Howard Gardner: como aproveitar a singularidade a nós conferida na qualidade de espécie que exibe várias inteligências?

CAPÍTULO 3

O RENASCI- MENTO DA ADMINISTRAÇÃO

Em nenhuma outra época da humanidade houve um fluxo tão grande e tão intenso de produção artística e de surgimento de gênios quanto o período conhecido como Renascença, que teve na pequena Florença o seu epicentro. O que explica o desencadeamento de um potencial criativo praticamente infinito que, mesmo séculos mais tarde, ainda não fomos capazes de reproduzir ou muito menos superar? Quais os métodos adotados pelos mestres renascentistas em seus processos criativos e no desenvolvimento de suas habilidades? E o melhor: o que isso tem a ver com Administração?

Em 1997, David Banks, estatístico da Universidade Carnegie Mellon, escreveu um breve artigo intitulado *The Problem of Excess Genius* (em tradução livre, *O problema do excesso de gênios*).[15] Banks observou que os gênios não se distribuem

---

[15] BANKS, D. **The Problem of Excess Genius.** Universidade Carnegie Mellon, Pittsburgh, 1997. Disponível em: http://www.visakanv.com/archives/2021/02/14/the-problem-of-excess-genius-by-david-banks-1997/. Acesso em: 10 set. 2022.

uniformemente no tempo e no espaço. A história da humanidade está marcada, justamente, pela concentração de gênios em determinados períodos e localidades especiais: Atenas, entre 440 a 380 a.C., Florença, de 1440 a 1490 e Londres entre 1570 a 1640, sendo o período florentino o mais produtivo – e o mais intrigante.

Daniel Coyle resgata essa questão no brilhante livro *O código do talento*,[16] e elenca as razões normalmente utilizadas para explicar como uma cidade com menos de 50 mil habitantes (algo como Campos do Jordão dos dias de hoje) conseguiu, em apenas meio século, fazer brotar dezenas de gênios: prosperidade, paz, liberdade, mobilidade social e paradigma cultural. Apesar de plausíveis, é difícil acreditar que apenas a convergência desses fatores justifique o sucesso renascentista. Inclusive, vários desses pontos são desmentidos pelos registros históricos, o que ainda nos deixa sem resposta. Escreve o autor: "a Florença quatrocentista não era excepcionalmente próspera, nem pacífica, tampouco oferecia mais liberdade que outros lugares". Pronto para desvendar o mistério?

A CRIAÇÃO DA GENIALIDADE

O *boom* artístico florentino se explica por uma poderosa invenção social: as guildas. Talvez você não se recorde muito bem de suas aulas de História do colégio, por isso vou explicar. Guildas eram associações de artistas (tecelões, pintores,

---

16 COYLE, D. **O código do talento.** Rio de Janeiro: Agir, 2010.

ourives, artesãos, entre outros) que se organizavam para regular a concorrência e controlar a qualidade de suas produções. Verdadeiras empresas, essas organizações contavam com uma administração, taxas e regras bem estabelecidas sobre quem poderia exercer determinado ofício. A razão de seu sucesso era um sistema de formação de aprendizes. Meninos por volta dos sete anos de idade passavam a morar com os seus mestres por períodos de cinco ou dez anos. Uma verdadeira estufa de treinamento profundo.

Todos os gênios renascentistas tiveram seus mestres. Leonardo da Vinci foi discípulo de Andrea Verrocchio, Verrocchio estudou sob a supervisão de Donatello (não, não é a tartaruga ninja), Donatello sob a de Lorenzo Ghiberti, e assim por diante. Por milhares de horas, esses aprendizes estudavam o ofício por completo, na prática, da mistura de tintas e preparo das telas à execução de verdadeiras obras-primas, um sistema calcado na produção sistemática de excelência. Coyle compara essa experiência à de um estagiário de 12 anos de idade que passasse uma década sob a supervisão de Steven Spielberg: "o fato de esse estagiário um dia virar um grande diretor de cinema não seria nenhuma surpresa, mas algo quase inevitável".

Beleza, você pode computar o talento singular de um Da Vinci a alguma bênção divina – ou, como sugere um famoso programa do History Chanel, à influência de extraterrestres. O cara era realmente excepcional. Mas teria o jovem Leonardo despertado a sua genialidade caso não tivesse a oportunidade de ter sido aprendiz de Verrochio, outro gênio (porém não tão famoso)?

Michael Gelb, autor de *How to Think Like Leonardo da Vinci*,[17] coloca uma questão mais pragmática e pertinente: os fundamentos renascentistas de aprendizagem e cultivo da inteligência podem ser aplicados para nos inspirar e guiar à realização de todo o nosso potencial? A resposta é sim. Tais princípios podem ser estudados, emulados e perfeitamente aplicados à nossa atualidade. Podem não nos tornar gênios, mas com certeza nos conduzirão a uma jornada que nos tornará melhores do que já somos.

ADMINISTRADORES RENASCENTISTAS

Tomemos o exemplo da Administração, uma das maiores carreiras universitária do país.

A Administração é um curso superior levado a cabo entre quatro a cinco anos nas instituições de ensino superior. Algumas faculdades são reconhecidas pela qualidade ímpar de seu ensino, mas a maior parte delas navega na média, e um número inaceitável fica abaixo da crítica.

Seja qual for a qualidade da instituição de ensino, o tempo que o futuro administrador passa em seu processo de formação é subaproveitado. Apenas escutar o professor em sala de aula e ler suas apostilas em véspera de prova não é o suficiente para formar um administrador.

Isso é enganação pura e simples.

Tal qual a formação de um artista renascentista, o nosso aprendizado deve ser também essencialmente prático.

---

17 GELB, M. J. **How to Think Like Leonardo da Vinci**. Nova York: Delta, 2004.

O *gap* entre a teoria e a prática não deve ser suprido jamais somente após a formatura. No momento em que se coloca os pés em sala de aula, do primeiro ao último período da faculdade, deve ser proporcionado ao estudante de Administração a chance de praticar o objeto de seu estudo. A experiência é a fonte da sabedoria.

A exigência do estágio, por exemplo, dá-se comumente nos últimos períodos do curso. Por quê? É um absurdo subestimar a capacidade dos estudantes mais novos ou poupá-los do trabalho para que sejam apenas estudantes.

Imagine se todo calouro de Administração tivesse a oportunidade de ingressar na faculdade e, ao mesmo tempo, desenvolver alguma espécie de trabalho voluntário em uma organização do terceiro setor. Isso é algo que pode ser facilmente articulado entre a instituição de ensino e ONGs sérias. O mesmo pode ser feito com empresas. Tragam as empresas para dentro do ambiente acadêmico. O Brasil conta com milhões de empreendimentos, a imensa maioria totalmente carente de práticas e técnicas de gestão profissional. Permitam que os alunos se aproximem desse universo e contribuam para o seu avanço. Ganha o aluno, ganha a organização, a instituição de ensino e, o mais importante, ganha a sociedade. Não é esse o objetivo maior de tudo isso?

Os cursos de Administração devem ser as guildas dos futuros administradores, um ambiente de treinamento profundo onde não apenas a teoria faz parte da formação, mas sobretudo a prática incessante supervisionada por mestres talentosos, rigorosos e exigentes. Condescendência e excelência não combinam. À frente de uma sala de aula, o professor deve inspirar seus alunos a darem o seu melhor, mas deve ser exigente na mesma medida. Deve propor desafios por uma busca jamais satisfeita pela excelência. Nada menos que isso importa. Estou seguro de que esse modelo impulsionaria os nossos jovens a irem muito além do que eles mesmos pensam ser capazes.

Esse é o caminho para que libertem todo o potencial criativo que têm e desenvolvam com maestria a própria capacidade de levar nossas organizações adiante. Esse é o caminho para o Renascimento da Administração.

Bem, isso tudo nos leva a uma questão fundamental: onde estudar?

A única coisa
que irá impulsionar
seus resultados
é aquele
reconhecimento
íntimo e sincero
que diz: eu ainda
posso fazer melhor.

CAPÍTULO 4

ONDE ESTUDAR

Escolher uma boa faculdade pode não ser uma tarefa tão fácil quanto parece, principalmente quando temos várias opções a considerar. O objetivo deste capítulo é ajudá-lo nesse processo. Mesmo que você já esteja matriculado em alguma instituição de ensino superior, a leitura é extremamente recomendada, pois alguns pontos apresentados merecem cuidadosa reflexão. De repente, é interessante considerar até mesmo uma grande mudança de planos a partir do que você irá constatar após a leitura das próximas páginas.

UM RETRATO DOS CURSOS DE ADMINISTRAÇÃO OFERECIDOS NO BRASIL

Como o próprio nome diz, o Exame Nacional de Desempenho de Estudantes (ENADE) é um exame que objetiva mensurar os rendimentos dos alunos dos cursos de graduação com relação aos conteúdos programáticos, suas habilidades e competências. Tem caráter obrigatório e a situação regular do estudante com relação a essa obrigação fica inscrita em seu histórico escolar. Cada área do conhecimento é avaliada a cada três anos no ENADE.

A última avaliação do curso de Administração aconteceu em 2018. Os resultados do ENADE são medidos com base no Conceito Enade, um indicador calculado a partir do desempenho dos estudantes concluintes dos cursos de graduação, que varia de 1 a 5, sendo 5 a nota que representa o nível de excelência e 1 a pior nota possível.

Para se ter uma ideia do nível de desempenho dos alunos de Administração brasileiros (aliás, nessa altura do campeonato, estamos falando de Administradores já formados), 24% dos cursos de Administração avaliados obtiveram Conceito Enade 1 ou 2 – ou seja, praticamente um quarto dos nossos cursos têm rendimento ruim ou péssimo. A maioria dos cursos, 51% mais precisamente, obteve conceito 3 (passaram se arrastando...). Um surpreendente número de faculdades, 21%, obteve conceito 4, ou seja, um quinto de nossas faculdades conta com um bom nível educacional. Entretanto, apenas 4% atingiram um nível de excelência, o conceito 5.

O que os números nos dizem? Apesar de termos algumas ilhas de excelência e até um bom número de boas faculdades de Administração, no geral estamos muito mal. Sabe qual foi a média da nota geral de todos os futuros administradores no exame? 38,4 de um total de 100 pontos. Uma vergonha. Essa galera está no mercado agora, buscando o seu lugar ao sol. Como você acha que eles estão se saindo?

Você que está lendo este livro, se ainda não prestou esse exame, irá prestar em breve. Independentemente da faculdade onde esteja estudando, vamos combinar uma coisa agora, eu e você: você irá fazer parte do grupo de excelência. Ajudará a elevar essa média. Fechado?

Vamos em frente. Agora lanço um olhar para as faculdades que estão produzindo esses administradores.

Para se avaliar a qualidade dos cursos em si, a nota isolada do ENADE não é suficiente, pois ele avalia apenas o desempenho dos alunos, enquanto o Conceito Preliminar de Curso leva em consideração o desempenho no ENADE e essas outras variáveis institucionais. Portanto, é importantíssimo observar como a instituição de ensino em que você estuda ou deseja estudar está classificada com relação ao CPC. Para verificar essa informação, basta acessar a página do Instituto Nacional de Estudos e Pesquisas Educacionais Anísio Teixeira (Inep).[18]

A tabela seguinte ilustra os únicos cursos de Administração considerados excelentes, ou seja, que obtiveram CPC igual a 5 na última avaliação, em 2018. As instituições apresentadas estão elencadas em ordem alfabética e não representam nenhum tipo de ranking, pois todas atingiram a mesma nota.

18 INSTITUTO NACIONAL DE ESTUDOS E PESQUISAS EDUCACIONAIS ANÍSIO TEIXEIRA (INEP). Disponível em: https://www.gov.br/inep/. Acesso em: 2 out. 2022.

Tabela 4.1 Cursos com Conceito Preliminar de Curso (CPC) 5

Nome da IES	Sigla da IES	Categoria	Modalidade de ensino	Município	UF
CENTRO UNIVERSITÁRIO DA GRANDE DOURADOS	UNIGRAN	Privada sem fins lucrativos	Educação presencial	DOURADOS	MS
CENTRO UNIVERSITÁRIO DE VÁRZEA GRANDE	UNIVAG	Privada sem fins lucrativos	Educação presencial	VÁRZEA GRANDE	MT
CENTRO UNIVERSITÁRIO DE VOTUPORANGA	UNIFEV	Privada sem fins lucrativos	Educação presencial	VOTUPO-RANGA	SP
CENTRO UNIVERSITÁRIO UNIFTEC	UNIFTEC	Privada com fins lucrativos	Educação presencial	CAXIAS DO SUL	RS
ESCOLA BRASILEIRA DE ADMINISTRA-ÇÃO PÚBLICA E DE EMPRESAS	EBAPE	Privada sem fins lucrativos	Educação presencial	RIO DE JANEIRO	RJ
FACULDADE ARTHUR SÁ EARP NETO	FASE	Privada sem fins lucrativos	Educação presencial	PETRÓPOLIS	RJ
FACULDADE BRASILEIRA	MULTIVIX VITÓRIA	Privada com fins lucrativos	Educação presencial	VITÓRIA	ES
FACULDADE DA AMAZÔNIA OCIDENTAL	FAAO	Privada com fins lucrativos	Educação presencial	RIO BRANCO	AC
FACULDADE DE CIÊNCIAS JURÍDICAS E SOCIAIS APLICADAS DO ARAGUAIA	FACULDADES CATHEDRAL	Privada com fins lucrativos	Educação presencial	BARRA DO GARÇAS	MT

Nome da IES	Sigla da IES	Categoria	Modalidade de ensino	Município	UF
FACULDADE DE ENSINO SUPERIOR DA CIDADE DE FEIRA DE SANTANA	FAESF/UNEF	Privada com fins lucrativos	Educação presencial	FEIRA DE SANTANA	BA
FACULDADE DE INFORMÁTICA E ADMINISTRA-ÇÃO PAULISTA	FIAP	Privada com fins lucrativos	Educação presencial	SÃO PAULO	SP
FACULDADE DE TECNOLOGIA E CIÊNCIAS	FTC SALVADOR	Privada com fins lucrativos	Educação presencial	SALVADOR	BA
FACULDADE DE TECNOLOGIA E CIÊNCIAS DE VITÓRIA DA CONQUISTA	FTC	Privada com fins lucrativos	Educação presencial	VITÓRIA DA CONQUISTA	BA
FACULDADE ICESP DE BRASÍLIA	ICESP	Privada com fins lucrativos	Educação presencial	BRASÍLIA	DF
FACULDADE NORTE CAPIXABA DE SAO MATEUS	MULTIVIX SÃO MATEUS	Privada com fins lucrativos	Educação presencial	SÃO MATEUS	ES
FACULDADE REDENTOR DE CAMPOS	FACREDENTOR	Privada sem fins lucrativos	Educação presencial	CAMPOS DOS GOYTACAZES	RJ
FACULDADE SOCIESC	SOCIESC	Privada sem fins lucrativos	Educação presencial	FLORIANÓ-POLIS	SC
FACULDADES INTEGRADAS DE CACOAL	UNESC	Privada com fins lucrativos	Educação presencial	CACOAL	RO

ONDE ESTUDAR

Nome da IES	Sigla da IES	Categoria	Modalidade de ensino	Município	UF
INSTITUTO FEDERAL DE EDUCAÇÃO, CIÊNCIA E TECNOLOGIA DE SÃO PAULO	IFSP	Pública Federal	Educação presencial	JACAREÍ	SP
INSTITUTO FEDERAL DE EDUCAÇÃO, CIÊNCIA E TECNOLOGIA DO ESPÍRITO SANTO	IFES	Pública Federal	Educação presencial	COLATINA	ES
UNIVERSIDADE CATÓLICA DE BRASÍLIA	UCB	Privada sem fins lucrativos	Educação presencial	BRASÍLIA	DF
UNIVERSIDADE CATÓLICA DE BRASÍLIA	UCB	Privada sem fins lucrativos	Educação a distância	BRASÍLIA	DF
UNIVERSIDADE CRUZEIRO DO SUL	UNICSUL	Privada com fins lucrativos	Educação presencial	SÃO PAULO	SP
UNIVERSIDADE DO GRANDE RIO PROFESSOR JOSÉ DE SOUZA HERDY	UNIGRANRIO	Privada com fins lucrativos	Educação presencial	MACAÉ	RJ
UNIVERSIDADE FEDERAL DE LAVRAS	UFLA	Pública Federal	Educação presencial	LAVRAS	MG

Fonte: Instituto Nacional de Estudos e Pesquisas Educacionais Anísio Teixeira (INEP).

Seguindo a mesma lógica do ENADE, como as notas do CPC variam de 1 a 5, podemos considerar que elas significam, basicamente, o seguinte:

1 = péssimo

2 = ruim

3 = regular

4 = bom

5 = excelente

Ao todo, 1.765 cursos de Administração foram avaliados, mas apenas 24 conseguiram atingir a nota máxima 5, ou seja, pouco mais de 1% dos cursos podem ser considerados excelentes; 9% dos cursos obtiveram CPC 1 ou 2 (péssimo ou ruim), 57% alcançaram conceito 3 (ou regular) e surpreendentes 31% dos cursos conquistaram CPC 4 (ou bom). O restante dos cursos avaliados ficou sem classificação.

Seria de se esperar que a nota do ENADE se refletisse de maneira mais ou menos igual no CPC, mas não é o que acontece. A tabela a seguir faz um comparativo entre os dois resultados:

COMPARANDO O ENADE COM O CPC

CONCEITO	ENADE	CPC
1 e 2	24%	9%
3	51%	57%
4	21%	31%
5	4%	1%

Veja essa disparidade interessante: enquanto apenas 9% das faculdades se enquadram como "ruins", um grande número de estudantes (24%) teve um desempenho vergonhoso no

ENADE. Essa diferença de 15 pontos percentuais implica que tem muito estudante de faculdades regulares (nota 3) e inclusive das boas (nota 4) tirando nota baixa no exame. Isso se comprova quando observamos a faixa nota 4, onde temos 31% de faculdades boas e apenas 21% de alunos com o mesmo conceito no ENADE. Por fim, um dado mais curioso ainda: apenas 1% das faculdades se enquadra na nota máxima, entretanto 4% dos alunos tiraram nota máxima também. Isso significa que alunos excelentes podem ter saído tanto das faculdades excelentes como das boas e regulares também, o que reforça um dos argumentos centrais deste livro: qualquer pessoa pode extrair o máximo de sua formação e se tornar um excelente profissional.

MAS FINALMENTE, O NOME DA INSTITUIÇÃO PESA NO CURRÍCULO?

Essa é uma das questões mais frequentes na hora de escolher em qual instituição estudar. Você sabe que estou aqui para ser completamente sincero, e não será diferente nesse quesito. Sim, o nome da instituição pesa no currículo. Mas não é algo tão simples assim.

Cada instituição tem determinada reputação formada ao longo dos anos de sua existência. Essa reputação é pautada por fatores tão diversos quanto sua estrutura, seu quadro docente, rigor acadêmico, suas campanhas de marketing, postura dos alunos, feitos de seus ex-alunos e por aí vai. Sabe aquela máxima "diga-me com quem andas e te direi quem és"? A fama de sua faculdade irá acompanhá-lo, pelo menos por algum tempo enquanto você não começa a escrever a própria história depois de formado.

Do mesmo modo que boas empresas atraem os melhores profissionais, boas instituições de ensino atraem os melhores alunos. É o que diz o senso comum. Embora eu discorde parcialmente dessa premissa, o mercado enxerga as coisas dessa forma (odeio utilizar o termo "mercado" assim, como se estivesse falando de alguém, mas essa é a forma mais simples de fazer uma generalização). Em uma seleção de empregos, a primeira fase é normalmente a análise de currículos. O recrutador, não sabendo nada da vida dos candidatos, bate o olho direto onde o camarada se formou. E dá um peso maior àqueles que vêm de boas universidades (ou que têm fama de serem boas universidades). Fato. Porém, não se trata de uma sentença definitiva. Há alunos excelentes em universidades sem nenhum renome, assim como há péssimos alunos nas mais famosas.

"Quem faz a faculdade é o aluno", diz outro pensamento bastante difundido por aí. De fato, é o que venho falando ao longo de todo este livro: você é o único responsável por seu desenvolvimento. Eu, por exemplo, sou formado pela Universidade Federal da Paraíba. Em linhas gerais, o curso de Administração de lá é um bom curso (obteve CPC 4 na última avaliação), tive ótimos professores e acesso aos programas já mencionados de pesquisa, extensão e monitoria, além de uma atuante e entusiasmada empresa júnior. Por outro lado, no meu tempo de estudante, a universidade inteira passava por maus bocados. Estamos falando de uma instituição pública, lembre--se disso. Para você ter ideia, houve um dia que o ventilador de teto caiu em cima da cabeça de um colega, o Heron. Ele ficou bem, mas passamos o resto do semestre assistindo às aulas sem ventilador em pleno verão paraibano, quando a temperatura atinge facilmente mais de 35ºC. O que eu fiz? Passei a levar um ventilador de casa, daqueles que giram de um lado pro outro. Meus colegas agradeceram – e tenho certeza de que passaram a gostar mais de mim. O que quero deixar claro é que, independentemente das dificuldades impostas pela instituição – ou pela vida –, devemos sempre fazer do limão uma limonada. Não se agarre a desculpas esfarrapadas de que deixou de fazer algo por culpa dos outros. Resista sempre à tentação de tomar a pílula azul.

Logicamente, se você puder escolher uma instituição que ofereça mais oportunidades para seu crescimento, o aproveitamento poderá ser, sem dúvida, muito maior. O importante é saber detectar e agarrar essas oportunidades.

Meu conselho é que você investigue a fundo as instituições de ensino de sua cidade ou região. Procure pessoas que estudam ou já estudaram onde você considera uma possibilidade para você, pergunte como são as aulas, se há bons professores, como os alunos se comportam, que tipos de convênios a instituição mantém com outras organizações e não se esqueça de buscar informações específicas sobre o curso de Administração, pois muitas instituições de ensino são mais fortes em determinadas áreas e mais fracas em outras.

A propósito, procure saber em quais linhas o próprio curso de Administração se sai melhor. Embora Administração seja uma carreira universitária voltada à formação de um profissional generalista, alguns cursos contam com um *background* mais voltado à área de finanças, outros à área de marketing, alguns dão mais ênfase a recursos humanos e assim por diante. É importante verificar esse ponto para saber se seus objetivos convergem ao que é oferecido pela instituição.

VALE A PENA FAZER UMA GRADUAÇÃO A DISTÂNCIA?

Peguei o começo da internet no Brasil, em meados da década de 1990. Naquela época, as pessoas que acessavam a rede eram vistas com certo preconceito – chamavam-nos de *internerds*. Era o começo de uma revolução. Hoje em dia, quase todo mundo acessa a internet, tem perfil em redes sociais, utiliza aplicativos de mensagens instantâneas, faz compras, paga contas. E não é algo exclusivo das classes A e B. A internet tem se tornado onipresente entre as classes C e D também. Para se ter uma ideia, em 2021 o acesso à internet chegou a 90% dos lares brasileiros, segundo o levantamento Módulo de Tecnologia de Informação e Comunicação (TIC) realizado pelo IBGE junto com a Pesquisa Nacional por Amostra de Domicílios (PNAD) Contínua.[19]

A educação a distância (EAD) vai pelo mesmo caminho. Os cursos on-line vêm ganhando cada vez mais relevância, impulsionados pela expansão da qualidade de acesso à internet e apoiados por sua vantagem competitiva única: a que permite

---

19 INTERNET chegou a 90% dos domicílios brasileiros no ano passado. **Gov.br**, 19 set. 2022. Disponível em: https://www.gov.br/pt-br/noticias/noticias/educacao-e-pesquisa/09/internet-chegou-a-90-dos-domicilios-brasileiros-no-ano-passado. Acesso em: 26 set. 2022.

pessoas das mais diferentes regiões terem acesso à educação de ponta dos grandes centros nacionais e internacionais. Se existe algum tipo de preconceito, é por parte de pessoas que ainda não entenderam o que está acontecendo.

Uma enquete realizada no Administradores.com evidenciou essa tendência de crescimento e consolidação da EAD no Brasil. Perguntou-se ao leitor se ele estaria disposto a fazer um curso a distância. Mais de 27% dos respondentes disseram que fariam uma graduação a distância. Mais de 19% disseram que realizariam um curso de curta duração e outros 19% que cursariam um MBA ou outro tipo de pós-graduação. No total, 66% dos participantes foram favoráveis à EAD e apenas 34% não fariam um curso nessa modalidade.

O que se deve ter em mente é que educação a distância não é para qualquer um. Se você optar por essa forma de ensino, deverá dedicar boa parcela de seu tempo semanal aos estudos e jamais deverá enxergar o curso a distância como uma maneira mais leve e fácil de conseguir um diploma, porque, definitivamente, não é.

Os professores Rena Palloff e Keith Pratt[20] elencam uma série de dicas importantes para se ter sucesso em um curso a distância:

* Conecte-se ao seu curso duas ou mais vezes por semana para fazer comentários e ver o que os colegas e professores andaram postando;

---

20 PALLOFF, R. M.; PRATT, K. **O aluno virtual:** um guia para trabalhar com estudantes on-line. Porto Alegre: Artmed, 2004.

- Certifique-se de estar em dia com as mensagens e atualizações do curso;
- Seja responsável e independente com relação à sua aprendizagem, sem esperar que o professor lhe dê toda a informação e a orientação;
- Esteja em dia com suas leituras e saiba pesquisar e analisar dados e conteúdos;
- Confie em seus colegas e seja responsável com eles;
- Em caso de dúvida, pergunte sempre;
- Se ficar chateado com alguma mensagem, respire fundo antes de responder. Se ficar realmente com raiva, respire mais uma vez;
- Peça apoio e compreensão à sua família e aos amigos. Você precisará de tempo para seu curso, ou seja: tempo no qual você não estará com eles;
- Seja flexível e paciente;
- Aproveite não apenas para aprender o conteúdo do que estiver estudando, mas também sobre o uso da tecnologia e como seu uso pode transformar a forma como você assimila informações e constrói seu conhecimento.

Particularmente, sou um grande entusiasta desse modelo de ensino, mas você deve realmente avaliar se essa é sua praia ou não. É preciso observar que, inevitavelmente, a educação a distância fará parte de nossa vida de uma forma ou de outra. O sociólogo espanhol Manuel Castells, em um dos volumes de sua riquíssima trilogia *A era da informação: economia, sociedade e cultura*, prevê que o futuro da educação será a combinação de ensino on-line a distância com ensino presencial. Segundo Castells, a operação se dará em redes entre nós de informática, salas de aula e o local onde esteja cada aluno.[21] Muitos cursos de Administração no Brasil, mesmo que caracterizados totalmente presenciais, já utilizam recursos de EAD em algumas disciplinas, como chats, fóruns, além de outras ferramentas virtuais.

O CRITÉRIO MAIS IMPORTANTE A PESAR EM SUA ESCOLHA: A QUALIDADE

Para não entrar em roubadas, é importantíssimo saber qual a situação da instituição de ensino e de seu curso de Administração com relação ao Ministério da Educação (MEC). Para que uma instituição de educação superior possa funcionar, é necessário que seja, primeiramente, *credenciada* pelo MEC. O curso superior, por sua vez, precisa ser *autorizado* pelo MEC. No site do Ministério da Educação é possível fazer uma consulta à base dos cursos autorizados e instituições credenciadas, tanto com relação aos cursos presenciais quanto com relação aos cursos a distância. Para que o diploma de um curso superior tenha validade, é necessário ter o *reconhecimento* do MEC, o que só ocorre quando um novo curso tenha completado 50% de sua carga horária (por isso é necessário ter certo cuidado com cursos oferecidos recentemente por uma instituição: eles podem estar autorizados, mas talvez não sejam reconhecidos posteriormente).

---

21 CASTELLS, Manuel. **A sociedade em rede.** São Paulo: Paz e Terra, 1999.

Como um último alerta no que diz respeito à sua decisão de onde estudar, tenha em mente que muitos, mas muitos cursos conseguem passar pela peneira do MEC e são verdadeiras arapucas. Por mais que eu defenda que quem faz a faculdade é o aluno, não aconselho que estude em uma instituição qualquer. Se identificar que caiu em uma dessas armadilhas, pule fora. Estude a possibilidade de se transferir para outra instituição ou cogite até mesmo a hipótese de prestar um novo vestibular. Vale muito mais retroceder um pouco para poder tomar o rumo correto do que seguir em uma embarcação furada, estudando em uma instituição que está apenas interessada na mensalidade que você paga.

A GRANDE VERDADE

Passei quatro anos na faculdade de Administração. Como todo aluno de qualquer instituição brasileira de ensino superior, tive vários bons professores, uns dois que eu enquadraria como inspiradores e, infelizmente, alguns que não mereceriam passar do portão da universidade. Esses dois professores inspiradores, de uma forma ou de outra, conseguiram grudar na minha mente a seguinte mensagem: você é o único responsável pela sua formação.

E a realidade é essa. Você pode estudar na melhor universidade do mundo, pode ter à sua disposição os melhores recursos e até contar com os melhores professores. Sem ralar, meu amigo, de nada adianta.

Quando você absorve o verdadeiro significado desse mantra, algo de transcendental acontece. Já que comecei o livro citando uma cena de *Matrix*, você se lembra daquela outra em que Neo ressuscita e consegue enxergar a natureza da Matrix com todos aqueles códigos verdes? É mais ou menos isso. Iluminação. Nirvana.

Quando você compreende isso, seus parâmetros mudam. É normal, por exemplo, encarar o professor como alguém que impõe obstáculos aos seus objetivos. Quando se tem isso em mente, suas ações são pautadas a atingirem os critérios daquele professor. "Ah, esse professor é 'bonzinho'. Posso fazer de qualquer jeito que ele dá nota boa". "Esse cara é exigente, tenho que estudar um pouco mais para poder passar".

Notas? Provas? Nível de exigência do professor? Dane-se tudo isso!

Quando passamos pela experiência da revelação – lembre-se: você é o único responsável pela sua formação –, isso tudo passa a ser secundário. Você não se preocupa em atender os critérios de exigência do professor, você se preocupa em superar seus próprios critérios. Sua meta não é atingir a média ou "tirar nota boa". Essa besteira, inventada há séculos, é apenas a maneira que encontraram para viabilizar o sistema de ensino no mundo todo. Nada mais do que isso. Sua meta é superar a si mesmo, superar as suas limitações. Ir além do que você conseguiu ir no dia anterior.

Não é pelo professor que você se esforça, futuro administrador. É por você e pela diferença que fará no mundo. É da construção do seu "eu-futuro" que estamos falando. O professor não é seu adversário nessa trajetória – ele é seu aliado, seu guia, seu mentor.

Aliás, quer que eu conte outro segredo? O professor também é um indivíduo em formação, assim como você, por mais graduado que seja. Entender isso também faz com que você perca algo chamado de temor reverencial, ou seja, a mania que algumas pessoas têm de encarar um superior, autoridade ou pessoa famosa como um deus. Não confunda: não se trata de perder o respeito, mas de parar de enxergar como divindade alguém que está em uma posição mais elevada.

Outro parâmetro que é afetado é como você se coloca em relação aos seus colegas. Exemplo de um típico argumento vazio: "a minha nota foi a mais alta da sala". E daí? Primeiramente, seus colegas não são seus concorrentes. Segundo, a sua régua de desempenho não pode ser definida pelos resultados dos seus pares. Nosso desafio aqui é o de superar nossos limites, não os dos outros. Vale a máxima de Lao-Tsé, "quem vence os outros é forte. Quem vence a si mesmo é invencível".[22]

Ah, você passa também a não confiar demasiadamente no seu talento. É importante reconhecer suas forças e fraquezas, mas o talento por si só não basta. Devemos transpirar para transformar nossos talentos em uma competência de fato.

Por fim, quando você finalmente internalizar a verdade de que é o único responsável não apenas por sua formação, mas pelo seu destino, poderá até se dar por satisfeito por ter realizado um trabalho bem feito aqui e ali, mas a única coisa que irá impulsionar seus resultados é aquele reconhecimento íntimo e sincero que diz: eu ainda posso fazer melhor.

---

22 LAO-TSÉ. *In:* **Pensador**. Disponível em: https://www.pensador.com/frase/MTYyNTcx/. Acesso em: 10 set. 2022.

Qual a matéria mais importante do curso?

Talvez você já tenha ouvido falar da parábola hindu dos cegos e do elefante. Alguns importantes autores da Administração, como Henry Mintzberg[23] (de quem sou fã incondicional) e Gareth Morgan[24] (autor do clássico *Imagens da organização*), já a utilizaram em seus livros para traduzir nossa incapacidade natural de compreender por completo qualquer fenômeno. Essa parábola foi apresentada ao Ocidente pelo poeta americano John Godfrey Saxe no século XIX e conta a história de seis cegos que "foram ver o elefante" – embora todos fossem cegos. O primeiro chocou-se contra a lateral do animal e considerou que o elefante fosse semelhante a um muro. O segundo cego, apalpando-lhe a presa, afirmou que era muito similar a uma lança. O terceiro, pegando na tromba do animal, não teve dúvidas: era muito parecido com uma cobra. O quarto

---

23 MINTZBERG, H.; AHLSTRAND, B.; LAMPEL, J. **Safári de estratégia:** um roteiro pela selva do planejamento estratégico. Porto Alegre: Bookman, 2000.

24 GARETH, M. **Imagens da organização**. São Paulo: Atlas, 1996.

cego, segurando uma das pernas do paquiderme, pensou que este parecia uma árvore. O quinto, segurando na orelha, teve a sensação de se tratar de um leque. Por fim, o sexto cego tocou a cauda e sentenciou: "é muito semelhante a uma corda". Os cegos permaneceram discutindo um bom tempo, cada qual expondo sua opinião e, embora cada um estivesse em parte certo, todos estavam errados.

A Administração não é só a orelha do elefante, sua tromba, presas ou rabo. Ela é o elefante inteiro. E o pior: é o elefante em movimento, em alta velocidade. Por mais que seus professores puxem cada um a brasa para seu lado (o de marketing afirmando que o marketing é mais importante; o de finanças dizendo que sua área é a mais vital; o de RH jurando que ministra a disciplina mais importante de todas etc.), o fato é que todas são essenciais e imprescindíveis.

Ainda que você se identifique mais com determinada área, não cometa o erro de ignorar ou menosprezar as demais. Isso pode ser fatal. Devemos reconhecer, como nos recomenda Morgan, que *todos* somos cegos, em certo grau, tentando compreender a natureza do animal.

05

CAPÍTULO 5

ARREGAÇANDO AS MANGAS

> **"** Você não será capaz de fazer nada valioso nesse mundo sem primeiro se transformar e se desenvolver. **"**
>
> Robert Greene [25]

Muito bem, já refletimos bastante, já aprendemos como um curso de Administração geralmente está estruturado e a importância de escolher uma boa instituição de ensino. Agora é hora de colocar a mão na massa e desenvolver as atitudes que irão moldar o seu futuro profissional.

Primeiro é importante você saber como as coisas funcionam do lado de dentro da maior parte das instituições de ensino superior do Brasil. A coisa funciona mais ou menos da seguinte

---

[25] GREENE, R. **Maestria**. Rio de Janeiro: Sextante, 2013.

forma: cada instituição reúne um grupo bastante eclético de professores, cada um com sua especialidade e com características bastante peculiares que o distinguem dos demais. Dessa heterogeneidade e diversidade de pensamentos é que vem a riqueza de sua formação. Você aprende a extrair de cada mestre as melhores lições. A outra face da moeda é que raramente existe algum consenso quanto ao perfil de administrador que a instituição deve formar, mas aí quem sai perdendo é você.

Muitas instituições, ao contratarem seus docentes, apenas lhe entregam uma caderneta, um plano de ensino feito por outro professor, explicam os procedimentos burocráticos básicos ("você deve bater o ponto até cinco minutos antes de começar a aula, deve preencher o diário de classes com o conteúdo apresentado, deve fazer a chamada no início das aulas, deve fazer três avaliações por semestre, blablablá..."), e boa noite e boa sorte. Nenhum comentário sobre a missão da instituição ou sobre o que eles esperam do professor. A ausência de uma visão compartilhada acaba bagunçando todo o coreto. Os alunos ficam à mercê do perfil individual de cada professor. Às vezes, dão sorte de encontrar um professor vanguardista, vocacionado, com aulas dinâmicas e ótimo conteúdo. Outras, dão o azar de topar com um profissional desmotivado, desatualizado e que não compreende a importância de seu papel como educador.

Falamos tanto em gestão do conhecimento, mas me responda uma coisa: seu professor de Administração Financeira sabe o que você está vendo nas aulas de marketing?

Pois é... parece que a comunicação não anda fluindo muito bem em boa parte dos cursos de Administração de nosso país. Ensina-se uma coisa, pratica-se outra. Mas podemos contornar esses problemas e você pode exercer um papel importante nesse processo de mudança.

Talvez você não saiba o tipo de administrador que sua instituição deseja que você se torne, mas deve saber, ao menos, o tipo que quer ser.

Apresento a seguir uma série de conselhos que irão ajudá-lo a suprir as deficiências de sua instituição de ensino. Por melhor que ela seja, sempre haverá alguma lacuna ou pontos que podem ser melhorados.

VÁ SEMPRE ALÉM DO NECESSÁRIO

Não se restrinja, jamais, a fazer apenas o que lhe é cobrado. Se existe uma receita para a mediocridade, cumprir apenas com suas obrigações deve ser o ingrediente principal.

Na faculdade, é muito comum encontrarmos professores mais *light* que não exigem muito e são condescendentes com os alunos. A turma adora, não aprende nada e ainda acaba passando com notas boas. Na verdade, estão desperdiçando uma ótima oportunidade de adquirir conhecimentos e desenvolver competências. Eu, por exemplo, tive uma professora de Administração Financeira que era uma zero à esquerda. Não aprendemos nada, absolutamente nada, e passamos por média felizes da vida. Lá na frente, quando me dei conta do quanto aquela disciplina era importante e vital para minha carreira, tive de voltar aos bancos escolares para aprender tudo de novo.

Administração, no geral, é um curso fácil, enquanto administrar é extremamente complexo. Se você não aproveitar a faculdade para desenvolver realmente as habilidades que um administrador precisa dominar, terá dificuldades para ingressar no mercado mais adiante ou dar respostas na organização na qual vier a trabalhar.

Não se contente apenas com o que lhe cobram.

Apresentar um trabalho em grupo, por exemplo, é uma oportunidade ímpar para aprimorar sua capacidade de comunicação, trabalhar em equipe, exercer liderança e de aprender a superar expectativas. Administradores são obrigados a fazer isso o tempo todo.

Em vez de procurar saber qual é o grau de exigência dos outros (de seus professores e de seus colegas), crie você mesmo seus próprios critérios de exigência e procure sempre ir além. Seja obsessivo quanto a isso.

APROVEITE TODAS AS OPORTUNIDADES QUE A INSTITUIÇÃO OFERECE

A sua formação não se restringe à sala de aula e às disciplinas que você cursa todo semestre. Muitas instituições oferecem programas de iniciação científica e de monitoria, por exemplo. O aluno que participa dessas atividades aprende a pesquisar, escrever, fica mais inteligente e, acredite, isso conta pontos lá na frente, depois da faculdade.

Quando eu cursava Administração, caiu no meu colo a chance de trabalhar em um projeto de pesquisa sobre o terceiro setor como parte do programa de iniciação científica da minha universidade. Em termos de linha de pesquisa, não tinha nada a ver com meus assuntos de interesse, mas foi uma das experiências mais ricas que já tive na vida. Aprendi, de fato, como fazer um trabalho acadêmico, como sair em campo para levantar os dados da pesquisa e, o mais importante, tive contato com dezenas de pessoas de realidades totalmente diferentes da minha. Posso afirmar, sem sombra de dúvida, que ter participado desse projeto mudou minha própria visão de mundo. De quebra, ainda recebi uma bolsa de auxílio à pesquisa.

É importante frisar que raramente essas oportunidades irão se apresentar espontaneamente a você. Quando disse que a chance "caiu no meu colo", foi pura força de expressão. Na verdade, eu era um aluno bastante interessado, estava sempre de olho no quadro de avisos e me relacionava muito bem com todo mundo. É necessário ir atrás, saber buscar informações, conversar com professores e funcionários. Sempre haverá alguém querendo dar uma força quando a gente precisa. É realmente impressionante como existem pessoas no meio acadêmico que ficam felizes em poder ajudar um aluno interessado a progredir em sua jornada.

Alguns programas normalmente oferecidos pelas instituições de ensino

* Iniciação científica – trata-se de uma modalidade de pesquisa acadêmica desenvolvida essencialmente por alunos de graduação e orientados por um professor da instituição. O estudante aprende na prática como se realiza uma pesquisa

acadêmica, envolvendo todos os aspectos de construção de um trabalho acadêmico, como pesquisa bibliográfica, escrita acadêmica, diversos métodos de pesquisa, elaboração de relatórios, apresentação, entre outras atividades pertinentes a esse tipo de trabalho. É comum haver algum tipo de bolsa de auxílio à pesquisa que gira em torno de um salário mínimo. As agências financiadoras mais comuns são o CNPq (através do Programa Institucional de Bolsas de Iniciação Científica – PIBIC), agências estaduais como FAPESP, FAPERGS, FAPERJ, FAPEMIG, entre outras, além das próprias instituições de ensino;

* Monitoria ou estágio em docência – nesse tipo de programa universitário, o aluno presta assistência a um professor, envolvendo-se diretamente com todas as atividades de sua disciplina, ministra algumas aulas sob a supervisão do professor, além de ajudá-lo com algumas rotinas comuns ao ofício (como o controle de presença, preenchimento de relatórios, notas etc.). Trata-se de uma experiência extremamente enriquecedora não apenas para quem deseja seguir carreira docente, mas também para quem deseja desenvolver habilidades de comunicação e liderança. É comum existir algum tipo de bolsa, mas também é bastante comum o exercício voluntário nesse programa (no meu caso, fui monitor voluntário, pois já recebia uma bolsa pelo programa de iniciação científica

e não queria perder a chance de ter esse tipo de experiência);

* Programas de extensão universitária – são programas desenvolvidos pela instituição que visam aproximar o aluno de sua comunidade, gerando oportunidades de aplicar os conhecimentos produzidos no ambiente acadêmico em benefício da sociedade.

SEJA UM EMPRESÁRIO JÚNIOR

Participe de uma empresa júnior. Essa é a melhor forma de aprender na prática tudo aquilo que um administrador precisa saber em sua vida profissional. Uma empresa júnior é uma entidade civil sem fins lucrativos, formada e gerida por alunos de cursos superiores ou técnicos, não necessariamente de Administração. Acompanho de perto o trabalho de muitas empresas desse tipo e, devo admitir, muitas delas não deixam nada a desejar às empresas de consultoria profissionais.

Normalmente, os participantes de uma empresa júnior têm carreiras brilhantes, pois já saem da faculdade com experiência, autoconfiança e uma belíssima rede de contatos.

Não existe uma empresa júnior em sua instituição de ensino? Entre em contato com o pessoal da Confederação Brasileira de Empresas Juniores através do site www.brasiljunior.org.br. Essa turma leva o Movimento Empresa Júnior muito a sério e terá o maior prazer em ajudá-lo a montar uma nova empresa em sua faculdade.

FAÇA ESTÁGIO

Já abordei a importância do estágio quando refletimos sobre o renascimento da Administração. Trata-se de uma excelente opção para se colocar em prática o que se aprende na faculdade. Grandes e boas empresas têm ótimos programas de estágio – e não tem nada a ver com aquelas piadinhas infames que sempre colocam o estagiário servindo cafezinho ou tirando cópias de documentos. Essas empresas encaram seus programas de estágio como uma excelente forma de atrair seus futuros talentos. Para o estagiário, pode ser o início de uma promissora carreira.

Ainda que o estágio supervisionado seja obrigatório na última fase do curso, é extremamente interessante estagiar mesmo nos semestres anteriores. Alguns professores e orientadores de carreira condenariam meu conselho, pois acreditam que alunos dos primeiros semestres do curso não estão aptos ou maduros o suficiente para estagiar. Eu, pelo contrário, acredito muito no potencial dos alunos iniciantes – e um estagiozinho não faz mal a ninguém.

Uma vez, entrevistamos algumas pessoas para o cargo de estagiário em jornalismo. Um dos candidatos já estava no sétimo período e disse que conheceu o Administradores.com quando ainda estava no segundo período e nós havíamos feito outra seleção de estágio naquela época, mas ele não pôde participar porque sua faculdade recomendava (praticamente proibia) que os alunos só estagiassem após o terceiro período.

Não pense que em Administração é diferente. Inúmeras faculdades permitem o estágio somente após o quinto período.

A desculpa é de que o aluno não pode "perder tempo" trabalhando para poder se dedicar integralmente aos estudos. Pura besteira!

O aluno de Administração deve ter contato com o objeto de seu estudo desde o primeiro dia de aula. Prática. Apenas praticando a teoria ganha sentido real e se internaliza.

Futuro administrador, não caia nessa pegadinha. Se sua faculdade coíbe que você estagie antes de determinado período e você tem oportunidade de estagiar agora, estagie – nem que seja escondido. Seu processo de formação só estará completo se você tiver a oportunidade de colocar em prática tudo aquilo que estuda.

Para não entrar em roubadas, esteja sempre atento: muitas empresas, ao tentarem fugir do alto custo de manter um funcionário efetivo, contratam estagiários como uma estratégia de conseguir mão de obra barata.

Recomendo os seguintes sites para saber mais sobre o assunto:

* Núcleo Brasileiro de Estágios (NUBE):
  www.nube.com.br
* Centro de Integração Empresa-Escola (CIEE):
  www.ciee.org.br

COLOQUE A LEITURA EM DIA

Leia bastante. Faça da leitura um hábito. É um erro pensar que apenas praticando é que se aprende. Essa é uma meia-verdade. Você deve ter um excelente embasamento teórico e saber colocá-lo em prática.

Imagino que sua vida deva ser bem corrida, como a minha, o que torna bastante fácil e tentador inventar uma desculpa para não ter tempo para a leitura. Eu resolvi isso de maneira bem fácil: leio sempre antes de dormir. Uma ou até duas horas, todas as noites. Além de todos os benefícios evidentes, ler antes de dormir também é uma excelente forma de relaxar a mente e o corpo para termos uma boa noite de sono – o que é, também, essencial para darmos conta de tudo. No mais, eu busco seguir a conhecida Regra das 5 horas, ou seja, dedico pelo menos 5 horas da minha semana para leitura e para aprender algo novo (explicarei em detalhes no box a seguir).

Seguindo o espírito de não fazer apenas o que nos cobram, não fique apenas nas leituras recomendadas por seus professores. Aliás, tudo o que os professores recomendam ou exigem em termos de leitura visa apenas atender à média. É o que eles consideram adequado para a maioria de seus alunos, e não apenas para os fora de série. Particularmente, acho isso muito chato e limitado. Se você ficar só nisso, vai perder o melhor da festa. Uma boa leitura não fica apenas em um só autor. Se você não costuma confrontar o que dizem diversas fontes, pode cair no terrível erro de considerar o que está registrado nas páginas do que leu como verdade absoluta.

Não pense que, por estar em uma fase menos adiantada do curso, não é bom ler um livro indicado apenas nas fases posteriores. Quando estava no segundo semestre, li o fantástico *Estratégia competitiva*, do Michael Porter.[26] Foi um divisor de águas, pois pude tirar muito mais proveito de algumas

---

26 PORTER, M. E. **Estratégia competitiva:** técnicas para análise de indústrias e da concorrência. Rio de Janeiro: GEN Atlas, 2005.

disciplinas, como Planejamento Organizacional e Marketing, além de ter despertado meu interesse no assunto, o que me levou a conhecer autores como Henry Mintzberg, Gary Hamel, Prahalad, Igor Ansoff e outros, e também a me tornar professor dessa disciplina na Escola de Administração da Universidade Federal do Rio Grande do Sul mais tarde.

Ah, também não se prenda apenas aos livros voltados ao seu curso, por mais interessante ou lógico que isso possa parecer. Leia de tudo: filosofia, arte, história, comédia, ficção, romance, quadrinhos, ou qualquer outro gênero que seja do seu agrado. Eu, particularmente, sou vidrado em livros de suspense e terror, além de ser um devorador voraz de quadrinhos. Se tenho vergonha de admitir isso? Nem um pouco. A variedade de temas e referências ajuda a oxigenar nosso cérebro com novas ideias, amplia nossa criatividade e nos torna pessoas mais abertas e flexíveis.

Regra das 5 horas

A cena é muito comum: depois de um dia inteiro de universidade, estágio ou trabalho, a única coisa que a maioria quer é chegar em casa e relaxar. Assistir a algum programa na TV ou na Netflix, além ficar horas a fio no Instagram, Facebook e conversas do WhatsApp... Quem nunca? Nada contra. Todo mundo precisa de lazer para espairecer e renovar as energias para o dia seguinte.

Entretanto, as pessoas de sucesso relaxam de outra forma: aprendendo.

Thomas Corley, autor de *Rich Habits: The Daily Success Habits Of Wealthy Individuals*[27] (algo como "Hábitos ricos: os hábitos diários de sucesso de pessoas ricas", ainda sem tradução no Brasil), realizou uma pesquisa durante 5 anos investigando os hábitos de duzentas pessoas bastante prósperas financeiramente. Descobriu, entre outras coisas, que essas pessoas praticamente não assistem TV e dedicam uma boa parte do seu tempo à leitura e à busca de novos conhecimentos.

Mas se eles têm tanto sucesso, devem ter muito trabalho também. Como eles conseguem tempo para aprender mais? A resposta é que seguem a Regra das 5 horas, termo cunhado por Michael Simmons,[28] fundador da Empact, apenas para explicar o hábito praticado por incontáveis pessoas de extremo sucesso ao longo da história.

O conceito é muito simples: não importa quão ocupadas as pessoas de sucesso sejam, elas passam

---

27 CORLEY, T. C. **Rich Habits:** the daily success habits of wealthy individuals. Mineápolis: Langdon Street Press, 2009.

28 MITRAUD, T. A regra das 5 horas: seja um eterno aprendiz. **Época Negócios,** 13 out. 2016. Disponível em: https://epocanegocios.globo. com/colunas/Lideranca-e-Carreira/noticia/2016/10/regra-das-5-horas-seja-um-eterno-aprendiz.html. Acesso em: 11 set. 2022.

pelo menos uma hora por dia – ou 5 horas por semana – aprendendo. E fazem isso ao longo de sua vida. Esse é um tipo de hábito que Thomas Corley chamaria de "flocos de neve": eles vão se acumulando até chegar ao ponto de desenvolver uma verdadeira avalanche de sucesso.

Como aplicar a Regra das 5 Horas na sua vida?

A primeira atitude deve ser deixar de desculpas. Aquele papo de "não tenho tempo" eu e você, francamente, sabemos que não é verdade. Você deve separar em torno de 60 minutos por dia, que podem ser, inclusive, divididos em intervalos menores, como dois tempos de 30 minutos ou três de 20. Use esse momento para aprender coisas novas.

Segundo, reflita sobre o que você está aprendendo. Anotar seus pensamentos e insights em um caderno, ou até mesmo em post-its, é uma das melhores formas para consolidar o aprendizado. Particularmente, gosto de fazer isso ao mesmo tempo em que estou aprendendo. Já notei que quando deixo para depois, a maioria das vezes esqueço pontos importantes, o que me obriga a rever ou reler determinado conteúdo.

Terceiro, experimente. Nunca deixe suas ideias apenas no papel. Tente ao máximo colocá-las em prática. Como eu sempre digo: não adianta nada pensar fora da caixa e guardar as ideias dentro dela. Novos conhecimentos surgem a partir da experiência. É nessa fase que você vê o que funciona, o que não funciona e o que pode funcionar a partir de novas reflexões em cima desse novo processo.

É isso. Em pouco tempo você irá transformar o que pode parecer um sacrifício em um verdadeiro vício. As 5 horas da regra se transformarão rapidamente em 6, 7, 10... Aliás, quanto mais você aprende, mais tempo terá disponível, pois saberá usar melhor o seu próprio tempo com mais inteligência, obtendo maiores retornos em todas as suas atividades. Você também se dará conta que será gradativamente mais fácil aprender novas habilidades, o que é essencial no mundo em que vivemos, onde o capital intelectual se sobrepõe cada vez mais ao capital financeiro.

Por fim, nenhum tipo de investimento é capaz de proporcionar um retorno maior do que aquele que investimos em conhecimento. Como diria Benjamin Franklin, "investir em conhecimento rende sempre os melhores juros".[29] Que tal começar hoje mesmo a adotar a Regra das 5 horas?

---

29 FRANKLIN, B. *In:* **Goodreads**. Disponível em: https://www.goodreads.com/quotes/24824-an-investment-in-knowledge-always-pays-the-best-interest. Acesso em: 29 set. 2022.

ESCREVA ARTIGOS

Na pressa de evoluirmos profissionalmente, estamos sempre em busca de experiências objetivas e específicas que nos ajudem a adquirir determinado conhecimento ou desenvolver certas competências e habilidades. As recomendações são sempre na mesma linha: faça um curso, leia um livro, assista a uma palestra. Pouca gente pratica uma das atividades mais enriquecedoras, prazerosas e – o melhor – com custo zero: *escrever artigos.*

Pode parecer um contrassenso, já que se trata de uma atividade essencialmente intelectual, mas uma das melhores maneiras de aprimorar sua capacidade de administrar é simplesmente escrever.

Algumas dicas para você desenvolver esse hábito

A melhor forma de começar a escrever é simplesmente começando. Não importa o local, a hora do dia, se você vai escrever no computador, em uma máquina de escrever ou em um caderno: o importante é dar o primeiro passo. Existe algo de mágico na primeira frase, que parece desencadear todo o resto do processo. Não espere a inspiração chegar para poder começar. Como diria Picasso, "a inspiração existe, mas ela deve encontrá-lo trabalhando".[30]

É fundamental, também, incorporar o hábito de escrever aos seus afazeres. Você deve estabelecer um dia e um horário

---

[30] PICASSO, P. *In:* **Pensador**. Disponível em: https://www.pensador.com/frase/MTY1MA/. Acesso em: 11 set. 2022.

em que essa atividade será sagrada. Quando adotamos uma rotina para escrever, acabamos adotando outra rotina para ler e estudar, pois só escreve bem quem lê bastante e se atualiza. Os benefícios não param por aí.

ESCREVER É A HABILIDADE QUE IRÁ DESTRAVAR VÁRIAS OUTRAS HABILIDADES

Escrever é importante para desenvolver a reflexão e o senso crítico. Não raro, começamos a escrever um artigo com uma visão e terminamos com outra totalmente diferente no fim da página. E mais: a prática ajuda a mente a tornar-se mais fértil e criativa – o que acaba abrindo espaço para o surgimento de novas ideias e de até mesmo alguma inovação revolucionária. É o caminho para fora da caixa.

Escrever nos deixa mais inteligentes. Muito mais inteligentes. Embora seja uma atividade diretamente ligada à *inteligência linguística*, escrever também é uma atividade que turbina outras inteligências, como a *intrapessoal* (é praticamente um exercício de autoconhecimento), a *interpessoal* (nossa capacidade de lidar com os outros), a própria *inteligência lógico-matemática*, já que a lógica é fiel companheira de um bom texto e, até mesmo, a espacial (afinal, escrevendo muitas vezes criamos imagens e espaços mentais).

Consequentemente, a partir daí você desenvolve a sua capacidade de argumentação, aumenta o seu poder de persuasão, aprende a contar histórias, enfim, amplia drasticamente suas habilidades de se comunicar, o que é essencial na hora de negociar, liderar, falar em público... Coisas corriqueiras na vida de um administrador.

Tem outro ponto que pode até parecer um tanto quanto "esotérico", mas eu passo muito por isso e com certeza você já deve ter passado também, seja escrevendo, praticando outro tipo de arte ou algum esporte. Algo *zen* acontece quando você escreve. A sensação é de que tudo ao seu redor entra em silêncio e você se conecta com alguma região da sua mente de onde as palavras simplesmente surgem. Você mergulha e desaparece nessa atividade, envolvendo-se totalmente.

Esse tipo de estado mental de concentração e foco total foi amplamente estudado pelo psicólogo húngaro Mihály Csíkszentmihályi (valendo um prêmio para quem conseguir pronunciar o nome dele). Csíkszentmihályi denominou esse estado como *flow* (fluxo), uma das chaves para a felicidade nos estudos, no trabalho e na vida.[31]

Por fim, quem escreve também aparece. A internet é um grande palco para você exibir o seu talento. Ao publicar seus artigos em sites especializados, como o Administradores.com, você terá contato com incontáveis leitores, receberá feedbacks valiosos sobre o seu trabalho (possibilitando-o evoluir ainda mais) e também ampliará significativamente a sua rede de contatos.

Não deixe pra depois: comece dando o próximo passo assim que terminar a leitura por hoje!

---

31 CSÍKSZENTMIHÁLYI, M. **Flow:** a psicologia do alto desempenho e da felicidade. Rio de Janeiro: Objetiva, 2020.

CORRA, FORREST, CORRA!

Procure formas de se aprimorar sempre.

Faça muitos cursos sobre os mais diversos assuntos. Na internet há uma infinidade de cursos, muito conhecimento gratuito, muitos TEDs que são simplesmente fantásticos. Enfim, vivemos em uma era em que o conhecimento nunca foi tão abundante e tão acessível.

Também aproveite seus fins de semana e suas férias para aprender algo novo, viaje muito e, por favor, não se esqueça de aprender outros idiomas. Inglês é fundamental, mas saber outras línguas além dessa, com certeza, lhe abrirá mais portas (não apenas profissionais, mas de conhecimentos, cultura e referências).

Planeje suas experiências de modo que você consiga conciliar tempo para se divertir e se desenvolver. E o fundamental é: prepare seu bolso para essas ocasiões.

Procure calar aquele sujeito que vive inventando desculpas em sua cabeça para não fazer o que você sempre teve vontade de fazer. "Para viajar é preciso muito dinheiro, isso está fora das minhas possibilidades." Cale-se, resmungão! Você se lembra de como um administrador divide uma tarefa complexa em etapas simples a serem seguidas? Siga o mesmo preceito em seus planos pessoais. Comece a planejar agora a viagem que você quer fazer daqui a dois ou três anos.

SEJA LEGAL

Já escutei várias vezes em sala de aula algum aluno falar que ali são todos concorrentes, pois irão competir por um lugar ao sol mais na frente. Besteira pura. Sei que o mundo é um lugar extremamente competitivo, mas as pessoas cooperativas são muito mais queridas – e acabam levando vantagem sobre os individualistas e mesquinhos. Algumas organizações extraordinárias, inclusive, como a Google (veja o primeiro minicapítulo sobre essa empresa na última seção do livro), já aplicam diversas técnicas em seus processos de seleção para identificar – e descartar – os malas de plantão.

Tenho certeza de que você recebeu bons valores de seus pais e de sua família. Não deixe isso se apagar comprando ilusões de que vale tudo para atingir seus objetivos. Não seja seduzido pelo lado obscuro da força. Warren Buffett, a partir da experiência que o transformou em um dos homens mais ricos do mundo (e certamente um dos mais generosos, pois já registrou em seu testamento que irá doar 85% de sua fortuna para a Fundação Bill e Melinda Gattes), fez uma perfeita constatação: não é possível fazer um bom negócio com uma pessoa ruim.[32] Isso resume tudo.

Importante: seja legal porque isso é de sua natureza, e não porque você quer ganhar alguma coisa com isso. Não tente

---

[32] AS frases de Warren Buffett que te farão entender a mente deste investidor bilionário. **Época Negócios**, 14 out. 2015. Disponível em: https://epocanegocios.globo.com/Inspiracao/Vida/noticia/2015/10/frases-de-warren-buffett-que-te-farao-entender-mente-deste-investidor-bilionario.html. Acesso em: 11 set. 2022.

enganar alguém fingindo ser quem não é, pois a coisa não funciona dessa maneira.

REVOLUCIONE

Lidere movimentos de mudança em sua instituição. Não fique esperando melhorias do tipo *top-down* (de cima para baixo). Muitas instituições de ensino estão apenas enroscadas no emaranhado de processos burocráticos que criaram ao longo dos anos. Os paradigmas estão aí para serem quebrados. Lembre-se de que você é parte da instituição.

No fim das contas, você, seus professores, coordenadores e diretores, todos estão no mesmo barco. Qualquer um pode dar sua contribuição e deixar seu legado. Foi-se o tempo em que as melhores estratégias saíam apenas da cabeça do presidente ou dos membros iluminados do conselho de uma instituição. Muitas das grandes ideias que revolucionaram o mundo partiram de pessoas envolvidas diretamente com o processo, com as tarefas mais básicas.

Se você consegue identificar falhas e – o mais importante – consegue enxergar soluções para os problemas identificados, poderá ser um importante agente de mudança. Todo mundo sairá ganhando com isso, inclusive você.

Administração também é arte – e artistas são livres para manifestar sua criatividade. Não tenha medo de ir contra a corrente.

CAPÍTULO 6

DICAS DE APRESENTAÇÃO

Um dos principais métodos de avaliação utilizados no curso de Administração é a apresentação de trabalhos. Sozinho ou em grupo, você sempre se verá à frente de seus colegas de turma para apresentar algum trabalho. Talvez você ache essa metodologia irritante ou apenas uma estratégia do professor para não ter de preparar aulas (o que acontece de vez em quando!), mas a verdade é que, como administrador, você sempre irá se deparar com situações em que estará à frente de uma plateia ou de um grupo de pessoas tendo de apresentar um produto, serviço, projeto ou seja lá o que for.

Você deve aproveitar ao máximo esses momentos para desenvolver suas habilidades de comunicação. Este capítulo reúne algumas dicas importantes para você tirar proveito dessas verdadeiras oportunidades de crescimento.

NÃO UTILIZE O POWERPOINT PARA TORTURAR PESSOAS

Criado para facilitar a vida de milhões de pessoas necessitadas de suporte para suas apresentações acadêmicas, comerciais e corporativas, o PowerPoint acabou se tornando um verdadeiro instrumento de tortura.

Fãs de Bill Gates, tenham calma! Eu explico.

O problema, como sempre, não é a ferramenta, mas o uso que se faz dela. A maior parte das pessoas utiliza o PowerPoint como uma bengala em suas apresentações. As razões podem ser diversas: insegurança, medo, despreparo, vontade de surpreender a plateia com os "efeitos especiais", deslumbre com o programa e por aí vai. A bronca é que, sem o bendito PowerPoint, *adiós* apresentação.

O modo mais comum de tortura é rechear os slides de texto. O apresentador, com medo de não lembrar o que veio falar, entope os slides com um milhão de frases. Para completar, ignora o público à sua frente e lê o que está escrito no telão. Pobre plateia!

Utilizar as ilustrações do Windows é mais um dos clichês. Sempre em busca do caminho mais fácil, o torturador não pensa duas vezes antes de inserir aquelas imagens batidas em sua apresentação.

Outra estratégia torturante é o uso do *bullet-time*, aquele efeito irritante que faz as frases deslizarem na tela. A cada tópico lido pelo palestrante, uma nova frase faz sua entrada triunfante da esquerda para a direita (ou de baixo para cima, ou rodopiando, ou piscando...). Os mais empolgados ainda utilizam o pacote de sons do aplicativo:

> "As vendas do primeiro semestre de 2010 superaram em 6% as do mesmo período do ano passado." **POW**! (barulho de disparo de revólver).
>
> "Em contrapartida, fomos obrigados a reduzir nossa margem de lucro em 3,29%." **SCRINNNCHHHH**! (carro freando).
>
> "Dessa forma, para nossa empresa decolar, minha proposta é expandirmos nossa atuação para o estado vizinho." **PLAC! PLAC! PLAC**! (som de aplausos. Do programa, é claro).

Fale a verdade: você já viu esse filme antes, não viu?

Sons, imagens, vídeos e outros recursos multimídia podem enriquecer – e muito – uma apresentação. Mas seu uso deve servir, apenas, para apoiar a mensagem do apresentador – e nunca para o apresentador se apoiar em seu uso.

Não quero bancar o sabichão. Eu mesmo já fui um exímio torturador com o PowerPoint. Minhas apresentações seguiam o mesmo roteiro que acabei de descrever. Fui melhorando com o tempo; à medida que me sentia mais seguro para passar minha mensagem, comecei a abrir mão do "copia e cola" de texto nos slides e passei a utilizar uma abordagem muito mais *clean*, simples e harmoniosa.

Ao mesmo tempo que pode servir como um terrível instrumento de tortura, o PowerPoint pode ser a ferramenta ideal para ajudá-lo a fazer uma apresentação fantástica e memorável.

Observe como Seth Godin, Chris Anderson, Steve Jobs e outros mestres jedis na arte de encantar plateias utilizam *slidewares* como PowerPoint, Keynote, Canva ou similares. Cada um tem seu estilo e personalidade na hora de contar histórias. O que suas apresentações têm em comum é, justamente, a utilização de slides simples, pouquíssimo texto, imagens marcantes e design de impacto.

Em se tratando de apresentações, menos é mais. Acredite.

ALGUMAS DICAS IMPORTANTES

Prepare um roteiro antes de ir para o computador

Seu trabalho escrito pode estar uma beleza, impecável, mas ele não serve de roteiro para a sua apresentação. Ele é apenas a essência do que você irá apresentar, mas é necessário um roteiro exclusivo para a apresentação. Procure fazer esse roteiro em folhas de papel, ou em um caderno. Fuja do computador nesse momento. Dê espaço para seu gênio criativo trabalhar. O roteiro deve contemplar os principais assuntos que você pretende abordar e como você pretende comunicar esse conteúdo de maneira a despertar o interesse da plateia, o que nos leva automaticamente ao segundo ponto.

Utilize metáforas

Quando estiver pensando nas imagens que ilustrarão seus slides, não procure por transcrições literais do pensamento que você deseja passar. Pense em metáforas que podem ajudá-lo a fixar uma ideia ou conceito. Exemplo: se você estiver falando de liderança, pode recorrer a imagens de um maestro conduzindo uma orquestra; se o assunto for estratégia, tabuleiros de xadrez são sempre uma boa pedida. Mas cuidado: procure não permanecer dentro do quadrado ao estabelecer suas metáforas, pois algumas, de tão boas, acabaram se tornando batidas e muito óbvias.

Recorra a um banco de imagens profissional

Sei que a facilidade de se encontrar zilhões de imagens na internet é tremenda – e a tentação de utilizá-las sem gastar um tostão também. Porém, existem sites especializados que contam com um acervo de imagens profissionais, com sistemas avançados de busca que lhe permitem procurar por algo tão específico quanto "pássaro azul voando sobre o mar" ou abstrato como "chefe imaturo". Esses sites, inclusive, irão ajudá-lo com as metáforas. Ao procurar por "tranquilidade", por exemplo, os resultados apresentarão imagens que traduzem esse conceito, como um monge meditando ou uma praia paradisíaca deserta. Minhas principais referências nesse sentido são o Getty Images e, principalmente, o iStockPhoto, que conta com valores bem acessíveis (se você sabe tirar boas fotos, pode, até mesmo, cadastrar suas próprias imagens nesse site e receber *royalties* sempre que alguém comprar alguma foto sua).

Conte histórias

Esse é um dos principais recursos de um bom apresentador. Somos naturalmente atraídos por histórias pessoais que quebram o ritmo de uma simples exposição de teorias. Se você irá apresentar um trabalho sobre comportamento do consumidor, por exemplo, procure associar os pontos teóricos do seu trabalho com situações pelas quais já passou. As histórias prendem a atenção do público e ajudam a fixar o conteúdo que você deseja passar. Se não tiver nenhuma experiência sua que se encaixe, procure lembrar-se de fatos vividos por algum conhecido seu.

Domine o assunto

Detesto soar óbvio, mas a melhor maneira de se preparar para uma apresentação é ter domínio total do assunto. Se você estiver realmente por dentro do que pretende falar, irá se sentir seguro e confiante. Muita gente dedica muito tempo a preparar a apresentação e acaba se esquecendo do principal, que é o domínio do conteúdo.

Aprenda com os profissionais

O site ted.com disponibiliza várias palestras dos mais renomados profissionais (de Bill Clinton a Bill Gates), com legendas em português. Além de aprender o que esses caras têm a ensinar, você pode observar como eles fazem apresentações de impacto e que cativam a plateia. Talvez você tenha de gastar milhares de reais para assistir a esses caras ao vivo. No TED, você assiste a todos de graça, no conforto de sua poltrona.

Inove

Das apresentações a que assisto, 99% são chatas, entediantes, tortura pura. Por favor, esqueça o que seus colegas e até mesmo seus professores têm feito quando vão apresentar algum trabalho. Permita-se arriscar, testar novas abordagens que vão além de slides de PowerPoint. Faça conexões com filmes, músicas, poesia, literatura, desenho, pintura, o que quer que seja. Administração também é arte – e artistas são livres para manifestar sua criatividade. Não tenha medo de ir contra a corrente.

RECOMENDAÇÕES DE LEITURA

Independentemente de suas inclinações individuais, recomendo que você invista em suas habilidades de comunicação e de fazer boas apresentações. Trata-se de um investimento com retorno garantido, sem falar na possibilidade de você se tornar um orador fenomenal e poder ganhar a vida só fazendo palestras...

Temos bons títulos publicados no Brasil sobre o assunto. Meu preferido quando se trata da estrutura visual de uma apresentação é o *Apresentação zen*, de Garr Reynolds.[33] Trata-se de um livro ricamente ilustrado que vai muito além da técnica, ressaltando a importância da simplicidade na arte de fazer apresentações marcantes.

Sobre a estrutura narrativa, o *TED Talks: o guia oficial do TED para falar em público*[34] é um verdadeiro tesouro. Escrito pelo próprio Chris Anderson, que dirige o TED, esse livro traz

---

33 REYNOLDS, G. **Apresentação Zen**. Rio de Janeiro: Alta Books, 2010.
34 ANDERSON, C. **TED Talks:** o guia official do TED para falar em público. Rio de Janeiro: Intrínseca, 2016.

todo o conceito por trás das melhores palestras do evento para se produzir um discurso marcante, forte e memorável.

Por fim, Patrick Collins, um dos grandes nomes mundiais da comunicação empresarial e pessoal, nos brindou com o ótimo *Fale com poder e convicção*,[35] com dicas e técnicas para potencializar nossa capacidade de comunicação, não apenas nas apresentações, mas em qualquer situação em que essa habilidade é requerida, como reuniões, entrevistas e negociações.

---

35 COLLINS, P. **Fale com poder e convicção.** Rio de Janeiro: Campus, 2010.

Se existe uma receita para a mediocridade, cumprir apenas com suas obrigações deve ser o ingrediente principal.

CAPÍTULO 7

NETWORKING: A ARTE DE CULTIVAR RELA- CIONAMENTOS

Outro dia, li uma reportagem que dizia que o QI ("quem indica") estava com os dias contados por conta da profissionalização e também da terceirização dos processos de seleção. Depende de que tipo de QI estamos falando...

Durante muito tempo, o QI era confundido com apadrinhamento ou "pistolão" – algo bastante relacionado com o famigerado jeitinho brasileiro. Espero que esse tipo de QI esteja realmente em extinção. Acontece que, muitas vezes, você indica alguém para determinada posição porque conhece e aprova a capacidade e as competências daquela pessoa. Não tem nada a ver com pistolão e, nesse caso, a recomendação conta – e muito.

Pode até parecer injusto: afinal, você suou a camisa se preparando para o mercado, estudou, fez cursos de aperfeiçoamento profissional, mas sua rede de contatos – tal como você a enxerga – é praticamente nula. Você distribui seus currículos a torto e a direito, mas, no fim das contas, quem sempre fica com a vaga é aquele profissional que um conhecido do gerente de RH indicou. Que injustiça, não é mesmo? Nem tanto. Se vocês estiverem em pé de igualdade, leva o prêmio quem souber fazer mais networking.

O QUE É NETWORKING?

Networking é um desses termos da língua inglesa que, de tão populares, acabamos incorporando à nossa língua – ou pelo menos ao vocabulário do mundo dos negócios, que é pródigo em importar termos estrangeiros. Networking é a prática de construir, manter e cultivar uma rede de contatos.

Tão importante quanto fazer o dever de casa na hora de se preparar para o mercado é cultivar sua rede de contatos. Se você parar para pensar, sua rede não é tão estreita quanto pode parecer. Faça as contas: quantas pessoas você conheceu no último curso de que participou? Lembra o nome de seus professores? Anotou o e-mail de alguém? Distribuiu cartões de visita? Conversou com alguém no *coffee break* ou ficou mais preocupado com os pãezinhos de queijo terminando na bandeja? Reflita um pouco antes de prosseguir.

Os relacionamentos sempre foram importantes na história da humanidade e, hoje em dia, são cruciais. É fundamental não apenas que você se prepare ao máximo, mas também que saiba cultivar uma boa rede de contatos. Essa não é uma tarefa que possa ser deixada para depois. Um erro bastante comum é pensar que na faculdade temos de nos dedicar totalmente aos estudos, que não podemos nos desviar de nosso foco, que é o de ter uma ótima formação. Networking é uma prática que deve correr paralelamente a seus estudos e requer dedicação, paciência e disciplina. A coisa mais fácil é conhecer alguém em uma palestra e guardar um cartão de visita no bolso; outra bem mais difícil é manter contato com essa pessoa e construir um relacionamento de fato. Mãos à obra!

MINHAS FERRAMENTAS DE NETWORKING PREFERIDAS

LinkedIn

Quando o assunto é rede social profissional, ninguém bate o LinkedIn. Utilizado no mundo todo, o site americano reúne o maior número de perfis profissionais da internet. Sem gastar um tostão, você pode cadastrar seu perfil, incluir suas qualifica-ções e experiências e, o melhor de tudo, estabelecer conexões com os demais integrantes da rede. Fico encantado quando não sei quem é o diretor de marketing de determinada em-presa, faço uma busca no LinkedIn e acabo entrando em con-tato com a pessoa certa sem precisar ligar para a empresa ou recorrer ao Google. Sério mesmo: já perdi a conta de quantos negócios fechei exclusivamente por intermédio do LinkedIn.

Administradores.com

Eu posso ser suspeito para falar, mas o fato é que o Administradores.com possibilita um networking riquíssimo focado em profissionais de Administração e áreas afins. Como conta com uma grande audiência e possibilita que os membros publiquem seus próprios artigos, o site acaba funcionando como uma grande vitrine para gente com talento e boas ideias.

WhatsApp

Ao longo da história da internet, tivemos vários aplicativos de mensagens instantâneas que dominaram por um tempo e foram substituídos por uma tecnologia superior ou mais popular logo depois. Eu passei por várias, desde o ICQ (oh oh!), MSN, Viber, Skype e tantos outros. O WhatsApp se tornou a tecnologia dominante nesse campo, e prevejo que ainda manterá o seu reinado por um bom tempo. Hoje em dia, é uma ferramenta indispensável para o trabalho de qualquer profissional. Você vende, compra, negocia, divulga, gerencia e, obviamente, constrói relações através do WhatsApp. Logicamente, bom senso no seu uso é essencial. Ficar enviando memes e notícias (muitas vezes de fontes duvidosas) nos grupos da família e dos amigos pode ser o maior ladrão de tempo que você pode ter a seu lado. Usado de maneira correta, o WhatsApp se torna uma arma poderosa para a prática de networking.

E O FACEBOOK, INSTAGRAM, YOUTUBE, TIKTOK E AFINS?

Muitos utilizam essas redes sociais também com outros objetivos profissionais, o que é excelente, pois elas podem ser importantes aliadas na construção de sua autoridade profissional.

Entretanto, é importante ter muita cautela em seu uso. Postar fotos de bebedeiras, envolver-se em brigas digitais e outras bobagens podem acabar queimando o seu filme. Sei de muitos casos de gente que perdeu alguma oportunidade profissional por conta do mau uso de redes sociais. Um amigo que trabalha como *headhunter* em uma grande empresa de recrutamento confidenciou que é praxe vasculhar a vida on-line dos candidatos, buscando identificar seus comportamentos, estilos de vida e, até mesmo, suas opiniões e posicionamentos sobre os mais diversos assuntos. Entretanto, enfatizo que há excelentes oportunidades para fazer networking nessas redes, principalmente por reunirem canais riquíssimos, voltados às mais diversas áreas da Administração e do mundo dos negócios, além do poder de viralização que alavanca a sua mensagem para o mundo todo. Apenas lembre-se de fazer bom uso dessas plataformas.

NÃO CAIRÁS NA TENTAÇÃO DE FAZER *SPAM* DE CURRÍCULO

Não sei por que cargas d'água, recebo uma penca de currículos por e-mail diariamente. São mensagens totalmente genéricas, distribuídas aleatoriamente e sem critério algum para milhares de e-mails na internet. Se você recebe *spams* tradicionais por e-mail, com certeza já deve ter recebido um de currículo.

O destino do *spam* de currículo não pode ser outro além da lixeira do nosso programa de e-mail. Iludido como sou, chego a marcar o remetente como "bloqueado" para nunca mais receber mensagens da pessoa. No dia seguinte, novos *spammers* atacam minha caixa de entrada com suas repetitivas mensagens: "*Segue meu currículo para uma eventual oportunidade nessa concei- tuada empresa.*" Delete. "Prezado(a) Sr.(a), busco uma oportuni- dade profissional. Em anexo..." Delete! "Assunto: CV." DELETE!!

Spam de currículo não funciona. Ninguém, em sã cons- ciência, analisa um currículo sem procedência enviado para milhares de outras pessoas – principalmente se você fizer par- te de uma empresa de comunicação e receber o currículo de um nutricionista ou veterinário.

Entendo que existe uma grande dificuldade para se en- contrar emprego, mas essa abordagem de sair enviando cur- rículo para qualquer endereço eletrônico vendido em pacotes de "milhões de e-mails", além de antiética, é extremamente ir- ritante. É quase a mesma coisa que entrar em uma corrente que promete transformar um real em um milhão e sair envian- do e-mails para Deus e o mundo.

Qual a saída? A internet, de fato, oferece ótimas oportuni- dades para as pessoas aparecerem e construírem relações. As ferramentas citadas, como o LinkedIn, possibilitam a prática de um networking de qualidade entre profissionais. Vou além: a internet permite que você mostre facetas de sua personalida- de e perfil profissional que um currículo padrão jamais conse- guiria exibir. Manter um blog e escrever artigos periodicamen- te – nem que seja para postar esse conteúdo em suas contas profissionais nas redes sociais –, como recomendado ante- riormente, é uma ótima estratégia para mostrar seu talento e capacidade intelectual – e, no fim das contas, é algo que você pode, inclusive, citar em seu currículo normal. Pessoalmente, acho muito mais interessante visitar o site, blog ou perfil profissional de alguém e conhecer suas ideias do que analisar um currículo frio e formal.

Se você não tem perfil para isso, sites especializados de recolocação profissional são uma ótima pedida e os principais players desse segmento funcionam de verdade. Antes de firmar parceria com uma grande empresa de recolocação on-line, cadastrei meu currículo por lá só para testar a eficácia da ferramenta. Fui convidado para entrevistas em várias empresas, e até mesmo para dar aulas em faculdades.

Independentemente da alternativa que você escolher para tirar proveito da enorme potencialidade da internet, passe longe daquelas que prometem "retorno rápido e garantido", como a dos vendedores de listas de e-mail. Se você quer ficar bem na fita, faça o dever de casa direitinho e mostre para o que veio. Somente dessa forma suas mensagens serão valorizadas, em vez de irem parar na lixeira de seus destinatários.

SAIA DA INTERNET

Beleza, a internet tem um zilhão de sites e ferramentas que auxiliam muito nossa prática de networking. Mas nada substitui o contato presencial, o aperto de mãos e a conversa que se desenrola em um almoço ou em uma reunião de negócios. Tente ao máximo trazer seus contatos virtuais para o mundo real. Você vai notar como suas relações irão se fortalecer e como muito mais oportunidades irão surgir em sua vida. Networking é poder.

NÃO PERGUNTE O QUE SEUS CONTATOS PODEM FAZER POR VOCÊ. PERGUNTE O QUE VOCÊ PODE FAZER POR ELES

Não resisti à tentação de parafrasear John F. Kennedy[36] para poder ilustrar um dos princípios mais poderosos das relações humanas, o da *reciprocidade*. Segundo o professor Robert Cialdini, sem dúvida o maior pesquisador sobre persuasão e influência da atualidade, esse princípio diz que "deveríamos tentar retribuir, na mesma moeda, o que outra pessoa nos pro-porcionou".[37] Cada vez que alguém nos faz um favor ou uma gentileza, automaticamente criamos em nossa mente uma sensação de obrigação em retribuir. Isso é universal.

Novamente, não quero soar utilitarista elencando um princípio e mostrando como ele pode ser usado. Meu objetivo é que você desperte do sono das práticas comuns, que, ge-ralmente, não funcionam muito bem, como procurar alguém somente quando você está precisando de algo. Cultivar sua rede de contatos significa tornar-se valioso para ela. Como di-ria Jefrey Gitomer, especialista em networking, deve ser "uma

---

36 Refiro-me à célebre frase de Kennedy: "Ask not what your country can do for you. Ask what you can do for your country." Em tradução livre: "Não pergunte o que seu país pode fazer por você. Pergunte o que você pode fazer pelo seu país." PRESIDENT John F. Kennedy's inaugural address. 2011. Vídeo (15min33s). Publicado pelo canal CBS. Disponível em: https://www.youtube.com/watch?-v=PEC1C4p0k3E&ab_channel=CBS. Acesso em 11 set. 2022.

37 CIALDINI, R. B. **O poder da persuasão:** você pode ser mais influente do que imagina. Rio de Janeiro: Campus; São Paulo: HSM, 2006.

questão de os outros *quererem* contatar você – ou *desejarem* contatar você".[38]

Esteja disponível para ajudar seus contatos. Em vez de ficar triste porque pouca gente ligou ou mandou mensagens para você no seu aniversário, comece a celebrar e a cultivar as pessoas de sua própria rede. Você verá como sua vida, em todas as esferas, se transformará.

---

38 GITOMER, J. **O livro negro do networking.** São Paulo: M. Books, 2008.

CAPÍTULO 8

CHEGOU A HORA DO TCC

O nome pode variar: monografia, trabalho de conclusão de curso, trabalho final de graduação, além de outras denominações. O que nunca muda é o estresse pelo qual todos os estudantes passam quando chega a hora de elaborar o último e mais difícil trabalho da faculdade.

  Meu objetivo aqui não é ensiná-lo a fazer um trabalho de conclusão de curso. Para isso já existem diversos livros e suas queridas aulas de metodologia – que eu, particularmente, sempre detestei. Vou compartilhar algumas dicas importantes, mas minha pretensão é outra. Quero lhe mostrar como essa fase de seu curso pode ser transformadora, enriquecedora e, até mesmo, um diferencial para sua carreira.

CONSTRUINDO UM TRABALHO DE CONCLUSÃO DE CURSO

A verdade é que a maioria dos alunos passa pela faculdade sem desenvolver um único trabalho acadêmico (no sentido mais formal que o termo *acadêmico* pode suscitar). Refiro-me a realizar um trabalho que segue determinada estrutura, faz uso de métodos de pesquisa, é redigido através de uma linguagem característica e que cumpre uma série de normas de padronização (as temidas normas da ABNT). A falta de familiaridade com trabalhos dessa natureza pode produzir certo pânico quando você tem de encará-los pela primeira vez.

Não precisa ser assim. Construir uma monografia pode – e deve – ser um processo prazeroso e até mesmo divertido.

Como toda grande caminhada, um trabalho de conclusão de curso começa com um simples passo. A primeira etapa se caracteriza pela definição da área e tema a serem trabalhados, além da escolha do orientador. Divide-se normalmente nas seguintes fases.

Fase 1: Escolha da área

Esse é o primeiro passo de qualquer TCC.[39] De todas as disciplinas que você viu no curso, de qual gostou mais? Qual a área da Administração que mais o motiva a pesquisar e a estudar mais? Responder sinceramente a essas perguntas lhe mostrará o caminho mais simples a seguir. Sempre que recebo e-mails de alguém pedindo sugestão de tema para o TCC, retruco: "qual área você mais curte?" Não existe coisa pior que realizar uma pesquisa em uma área com a qual não nos identificamos – é o

---

39 Algumas instituições de ensino definem, primeiramente, e sem nenhum critério razoável para pautar essa decisão, o professor que irá orientar cada aluno. Considero essa política totalmente arbitrária e contraproducente, pois pode obrigar o aluno a pesquisar um assunto que esteja totalmente fora de suas linhas de interesse, transformando o TCC em uma mera exigência que deve ser cumprida.

mesmo que namorar sem gostar da pessoa, ou seja, terrível. Vamos supor que a área que mais o encanta seja marketing e que essa seja sua escolha para a realização da monografia.

Definida a área, passamos imediatamente à segunda etapa.

Fase 2: Escolha do tema

Consiste em refinar ainda mais sua escolha anterior. Dentro de sua área de interesse, você deve identificar com qual vertente se identifica ou tem mais interesse em se aprofundar. Seguindo nosso exemplo anterior, vamos supor que, dentro do marketing, seu maior interesse seja comportamento do consumidor. Esse é o momento ideal para começar a se aprofundar no assunto, iniciar leituras de livros e matérias específicas sobre o tema, além de artigos atualizados. Dessa forma, você adquirirá liberdade e confiança para os passos seguintes.

Após a escolha do tema, podemos partir para o próximo passo.

Fase 3: Escolha do orientador

Quando você define a área e a subárea na qual deseja trabalhar, escolher o orientador se torna uma tarefa não exatamente simples, porém mais fácil; afinal, poucos profissionais do corpo docente devem trabalhar com seu assunto de interesse. Quanto antes você conseguir definir a área e o tema que deseja estudar, melhor, pois poderá entrar em contato com seus possíveis orientadores com antecedência, evitando o tumulto habitual que ocorre quando todos os alunos que estão na fase de elaboração do TCC passam à procura desesperada de um orientador. Antecipando-se aos demais, é possível conversar com vários professores, receber sugestões e insights valiosos para seu trabalho e, finalmente, decidir quem será seu orientador de fato. Se houver afinidade pessoal, ótimo, isso facilita imensamente o andamento do trabalho. Entretanto, o mais importante é que seu orientador seja alguém competente em sua área. Em um mundo perfeito, esse sujeito seria uma espécie de sábio conselheiro,[40] quase um guia espiritual, sempre paciente e disponível, disposto a lhe apontar o melhor caminho a seguir e a oferecer um ombro amigo nos momentos de dificuldade. O mais provável é que seu orientador seja alguém muito, mas muito ocupado, envolvido com mil atividades, que vão desde projetos de pesquisa, passando por várias aulas por dia, elaboração e correção de trabalhos e provas, alguma coisa de vida pessoal e pela orientação de outros discípulos desesperados como você. Em resumo: na vida real, seu orientador deve ser alguém com pouquíssimo tempo disponível. Saiba aproveitar cada minuto de sua atenção para que ele possa tirar todas as suas dúvidas – ao invés de deixá-lo com mais dúvidas ainda.

Agora que você escolheu o orientador, pode definir em conjunto com ele o passo seguinte de seu trabalho.

Fase 4: Delimitação de um contexto específico para trabalhar o tema

Em nosso exemplo hipotético, decidimos trabalhar com comportamento do consumidor, mas esse é um tema ainda

---

40 A despeito de ser muito difícil encontrar alguém com essas qualidades, devo registrar que sou um sujeito de muita sorte, pois todos os orientadores com os quais tive o privilégio de trabalhar, da graduação ao mestrado, eram pessoas com essas características. Não, não estou rasgando seda.

muito abrangente, de modo que precisamos torná-lo ainda mais específico. Para seguir em nosso exemplo, vamos estabelecer que o contexto em que o tema comportamento do consumidor será explorado será o das redes sociais.

Por fim, podemos passar ao último passo.

Fase 5: Definição da abordagem

Trata-se de um último refinamento para finalmente decidir sobre o mote da sua monografia. Decidimos hipoteticamente realizar um trabalho na área de marketing, abordando o comportamento do consumidor nas redes sociais. Que tal abordar a influência das redes sociais no comportamento do consumidor? Nessa linha, podemos afunilar ainda mais nossa abordagem, chegando em algo do tipo: a influência das redes sociais no comportamento dos consumidores de livros de negócios. Quanto mais específica for sua abordagem, mais fácil será para você seguir por determinado caminho até a conclusão do TCC sem correr o risco de se dispersar e perder tempo e energia percorrendo outras rotas que não levam a lugar algum.

Após essa primeira etapa em que se define o que será pesquisado e quem será o orientador é que você realmente inicia seu mergulho no TCC. Juntamente com o orientador, serão definidos o referencial teórico (as leituras que serão realizadas), o problema de pesquisa, a população e a amostra da pesquisa e a metodologia que será empregada. É importante definir previamente um cronograma dessas ações e das etapas seguintes que compreendem a coleta, o tratamento e a análise dos dados, a elaboração das conclusões e, finalmente, a defesa do TCC.

COMO ESTABELECER UM CRONOGRAMA?

> Preparando-me para as batalhas, sempre constatei que os planos são inúteis, mas planejar é indispensável.
>
> Dwight D. Eisenhower[41]

Na maioria das faculdades, normalmente o aluno tem um ano para desenvolver o seu trabalho de conclusão de curso, embora, na prática, todo mundo sempre deixe para a última hora. Se você quer passar por essa situação sem se preocupar (demasiadamente), comece a trabalhar em seu TCC logo no início, e pense em organizar o seu cronograma de uma maneira visual, com as principais etapas de elaboração da monografia e os meses que você teria para completar tudo delimitados, como no modelo a seguir.

---

41 Tradução livre de frase retirada de MCGRATH, J. **The Little Book of Big Management Wisdom**. Pearson Business, 2017.

ETAPA/MÊS	Mar	Abr	Mai	Jun	Jul	Ago	Set	Out	Nov	Dez
Leituras, conversas e discussões com o orientador para seleção e coleta de material bibliográfico										
Leituras, conversas e discussões para análise do conteúdo do material bibliográfico trabalhado										
Contextualização e definição do problema da pesquisa										
Elaboração do projeto do TCC										
Definição da população e amostra da pesquisa e instrumento de pesquisa										
Aplicação do instrumento de pesquisa, tratamento e análise dos dados										
Elaboração das conclusões e recomendações										
Defesa do trabalho de conclusão de curso										

Na prática, nenhum planejamento é seguido à risca. Muitas fases irão se misturar, acontecer ao mesmo tempo ou, até mesmo, totalmente fora do seu plano inicial. É normal você já estar no fim do processo e ainda continuar encontrando fontes importantes para seu referencial teórico ou descobrindo soluções para perguntas que sequer havia feito. Essa é a verdadeira maravilha de se realizar um trabalho dessa natureza. A importância do cronograma é a de fornecer uma visão geral das etapas que você irá vivenciar, servindo como instrumento de controle ou, como recomenda Claudio Moura de Castro, um entendimento claro e leal quanto à maneira pela qual a pesquisa deverá ser conduzida.[42]

FACILITANDO O PROCESSO

Se você colocou em prática os conselhos apresentados no Capítulo 5 antes de chegar à fase final da graduação, não encontrará grandes dificuldades na elaboração do seu TCC. Ter participado de um projeto de iniciação científica ou de grupos de pesquisa, por exemplo, eliminaria metade do esforço que, em geral, se empreende no trabalho de conclusão, que é o de aprender como se faz uma pesquisa e um trabalho acadêmico de fato – isso sem falar na possibilidade de dar sequência à sua pesquisa de iniciação científica no TCC.

Se você registrou suas leituras durante a graduação e escreveu artigos, terá um farto material para revisitar e poderá aproveitar boa parte em seu referencial teórico (se houver pertinência, é claro).

---

42 CASTRO, C. M. **A prática da pesquisa**. São Paulo: Pearson Prentice Hall, 2006.

TENHA MAIS DE UM ORIENTADOR

Orientador de direito, só temos um. Porém, você pode ter vários "orientadores" de fato. Converse sobre seu trabalho e mostre--o a outros professores com quem você tenha afinidade, troque ideias com colegas e amigos e busque ajuda na internet em sites como o Administradores.com, grupos de discussão e comunidades virtuais específicas sobre o assunto de seu TCC. Você descobrirá um número incontável de pessoas dispostas a ajudar e a compartilhar ideias com você. Não se esqueça de mencionar cada uma delas nos agradecimentos do TCC.

DEFENDENDO O TCC

As dicas do Capítulo 6 são extremamente válidas para preparar a apresentação de sua defesa. Insisto na necessidade de ousar e inovar nesse quesito. Por favor, quebre o paradigma absoluto de que uma defesa de monografia precisa ser sinônimo de tédio. Tudo bem que existem algumas regras estabelecidas pelas instituições referentes ao tempo de apresentação e ritos tradicionais que devem ser seguidos, mas isso não impede ninguém de utilizar criativamente esse espaço para marcar sua saída da faculdade com uma apresentação memorável.

Com relação à defesa propriamente dita, meu principal conselho é: não tema a banca. Existe um consenso generalizado de que uma banca de defesa de qualquer trabalho acadêmico é o equivalente moderno aos antigos tribunais da inquisição.

Tudo bem que existem alguns professores que aproveitam esse momento para se divertir à custa do nervosismo alheio, mas, no geral, eles não estão ali para isso. O papel da banca é avaliar seu trabalho, identificar eventuais falhas e fornecer sugestões de aperfeiçoamento. O interesse primordial, portanto, é no seu crescimento, e não o contrário. Tenha isso em mente e você ficará mais seguro na hora de apresentar o trabalho.

Importante: Quando aconselho você a não temer a banca, não estou dizendo para subestimá-la e adotar uma postura arrogante do tipo "eu sou o cara". Se você receber críticas (e você vai receber!), saiba acatá-las com humildade – ou contestá-las respeitosamente se, realmente, não forem procedentes. Não cometa, jamais, a atitude desesperada de defender agressivamente um erro seu. E nunca jogue a culpa em seu orientador por qualquer deslize seu que ele não tenha percebido.

O TCC COMO UM DIFERENCIAL PARA A CARREIRA

Em muitas instituições de ensino, o TCC é aplicado em uma organização, normalmente onde o aluno realizou seu estágio obrigatório. Nesses casos, se o trabalho for relevante e resultar em propostas que proporcionem melhorias para a organização, há uma grande chance de que a empresa se interesse em contar efetivamente com o autor em seu quadro de colaboradores.

Além disso, a monografia fará parte de seu portfólio de realizações acadêmicas. Você pode incluí-la, sem dúvida, em seu currículo.

Um TCC bem estruturado pode representar, também, meio caminho andado para a realização de uma pós-graduação. Você pode aprofundar a pesquisa iniciada na graduação em uma especialização ou, até mesmo, em um mestrado.

ACABOU?

Muita gente acha que o trabalho de conclusão é o fim do caminho, o ponto mais alto de uma longa escalada rumo ao topo. Estão redondamente enganados. Vencemos apenas uma batalha. A grande guerra ainda está por vir. Preparado para seguir adiante?

CAPÍTULO 9

RUMO À PÓS-
-GRADUAÇÃO

> "Os trabalhadores do conhecimento podem não ser a classe dominante da sociedade do conhecimento, mas é a classe que lidera"
>
> Peter Drucker[43]

Em 1959 – eu disse 1959! –, Peter Drucker, sempre ele, cunhou e utilizou pela primeira vez o termo "trabalhador do conhecimento" em seu livro *The landmarks of tomorrow*.[44] Há mais de 50 anos, Drucker já observava a emergência de um novo tipo de trabalhador que não se valia de sua força física para

---

[43] DRUCKER, P. F. **Sociedade pós-capitalista**. São Paulo: Pioneira Thomson Learning, 2002.
[44] DRUCKER, P. F. **O melhor de Peter Ducker:** a sociedade. São Paulo: Nobel, 2001.

realizar o trabalho, mas de sua capacitação sob a forma de conhecimento, o que daria origem à sociedade do conhecimento, tema que o autor aprofundou em obras posteriores. Nessa sociedade, a educação passaria a ser o eixo central, o principal meio capaz de conduzir o trabalhador ao conhecimento. E um alerta: a sociedade do conhecimento seria muito mais competitiva do que qualquer sociedade anterior, uma vez que o conhecimento universalmente acessível não permite razões para a falta de desempenho.

O NERD DE HOJE É O CARA RICO DE AMANHÃ

Já estamos vivendo na sociedade do conhecimento descrita por Drucker. Os nerds, aqueles caras que no passado eram vistos como esquisitões, hoje estão ditando os rumos do futuro. Estamos sendo naturalmente empurrados em direção ao conhecimento, um recurso que, como apontou Drucker em *A sociedade pós-capitalista*, não é impessoal como o dinheiro. Não consiste em um livro, banco de dados ou em um *software*. "O conhecimento está sempre incorporado a uma pessoa, é transportado por uma pessoa, é criado, ampliado ou aperfeiçoado por uma pessoa, é aplicado, ensinado e transmitido por uma pessoa e é usado, bem ou mal, por uma pessoa."[45]

Dessa forma, fica mais do que clara a necessidade de continuarmos nosso mergulho nas águas cálidas do conhecimento.

---

[45] DRUCKER, P. F. **Sociedade pós-capitalista**. São Paulo: Pioneira Thomson Learning, 2002.

Fazer uma pós-graduação passa a não ser mais uma questão de *fazer ou não fazer*, mas do que fazer, onde e quando.

DESCOMPLICANDO OS TERMOS

Muita gente confunde os termos relacionados aos cursos de pós-graduação, a começar pelo próprio termo "pós-graduação", que algumas pessoas adotam como sinônimo de especialização. Em primeiro lugar, devemos compreender que os cursos de especialização, mestrado e doutorado são todos cursos de pós-graduação, ou seja, realizados após a graduação.

O ensino de pós-graduação se divide em duas categorias:

* Lato sensu. Expressão latina que significa "em sentido amplo". Essa categoria compreende os cursos de especialização, que devem ter, no mínimo, 360 horas duração.
* Stricto sensu. Também uma expressão latina que significa, literalmente, "em sentido estrito". Os cursos dessa natureza envolvem os alunos em uma jornada mais extensa, exigindo praticamente dedicação integral. Compreende os cursos de mestrado e doutorado.

Compreendida a diferença entre as naturezas dos cursos de pós-graduação, vamos agora nos aprofundar nas características de cada tipo de curso disponível para que possa decidir qual a melhor opção para você.

RUMO À PÓS-GRADUAÇÃO

ESPECIALIZAÇÃO

Os cursos de especialização são uma ótima pedida para quem quer se tornar, desculpe-me a redundância do termo, expert em alguma área específica da Administração. Os cursos de especialização se focam na aplicação de seus conteúdos na prática. A carga horária reduzida e conveniente possibilita ao aluno trabalhar sem que haja nenhum tipo de prejuízo ao aproveitamento do curso e sem que o curso atrapalhe seu trabalho.

Os cursos de especialização independem de autorização, reconhecimento ou renovação de conhecimento por parte do MEC; entretanto, eles só podem ser oferecidos por instituições de ensino superior já credenciadas. O MEC estabelece que a instituição credenciada é diretamente responsável pelo curso, o que inclui seu projeto pedagógico, organização do corpo docente, metodologia etc. Dessa forma, a instituição não pode limitar-se a chancelar ou validar certificados emitidos por terceiros (escritórios, cursinhos e organizações diversas). Segundo o MEC, a instituição credenciada não pode terceirizar sua responsabilidade e competência acadêmica.

Também existem diversas especializações oferecidas na modalidade a distância, o que pode ser uma opção ainda mais conveniente na hora de conciliar trabalho e estudo. A instituição também deve ser credenciada para poder ofertar cursos nessa modalidade. Outra exigência é que os cursos nessa modalidade "deverão incluir, necessariamente, provas presenciais e defesa presencial individual de monografia ou trabalho de conclusão de curso".[46]

MBA

Os cursos de MBA (sigla para Master of Business Administration, literalmente Mestrado em Administração de Empresas) surgiram nos Estados Unidos no início do século XX. A primeira escola americana de negócios foi a Tuck School of Business, fundada em 1900. Foi também a primeira a oferecer um curso em nível de mestrado nas ditas ciências comerciais, o Master of Science in Commerce, precursor do MBA moderno. Em 1908, na Universidade de Harvard, surgiu a Graduate School of Business Administration (que, mais tarde, mudou seu nome para Harvard Business School), e no mesmo ano eles passaram a oferecer o primeiro MBA de fato.[47]

Enquanto nos Estados Unidos e em outros países o MBA equivale ao mestrado brasileiro, os cursos de MBA oferecidos no Brasil têm apenas nível de especialização, segundo o MEC, sendo regidos, portanto, pela mesma legislação dos cursos *lato sensu*.

Na década de 1990, houve a popularização dos cursos de MBA no Brasil.[48] Buscando pegar carona na febre mundial,

---

46 MINISTÉRIO DA EDUCAÇÃO. Estabelece normas para o funcionamento de cursos pós-graduação *lato* sensu, em nível de especialização. Resolução n.1, de 8 de junho de 2007.

47 BUSINESS educaton history. **Dartmo.**, 9 set. 2006. Disponível em: http://www.dartmo.com/archives/303. Acesso em: 11 set. 2022.

48 ZAREBA, J. Criado nos EUA, conceito de MBA foi "tropicalizado" e serve para quase tudo. **Folha**, 27 out. 2016. Disponível em: https://www1.folha.uol.com.br/sobretudo/carreiras/2016/10/1826655-conceito-de-mba-criado-nos-eua-foi-tropicalizado-e-serve-para-quase-tudo.shtml. Acesso em: 11 set. 2022.

diversas instituições passaram a oferecer, basicamente, um curso de especialização com o nome de MBA, mas com um formato bastante diferente do MBA tradicional americano. A banalização foi tão grande que até hoje são ofertados "MBAs" em áreas totalmente distantes da Administração, como Direito, Medicina ou Veterinária. Duvida? Faça uma busca no Google. Garanto que você encontrará, até mesmo, um curioso curso denominado "MBA em Dança", o que, traduzindo, significa Mestrado em Administração de Empresas em Dança. Soa estranho, não?

Atentas a esse cenário, nossas instituições sérias e competentes passaram a aprimorar cada vez mais seus programas de MBA. Embora não confiram grau de mestre, muitos cursos de MBA brasileiros competem em pé de igualdade com os melhores do mundo, oferecendo educação de ponta, excelentes professores e currículo com padrão internacional (algumas, inclusive, contam com convênios com instituições estrangeiras e possibilitam a obtenção de dupla titulação). Logicamente, o mercado também já aprendeu a separar o joio do trigo e a atribuir peso somente aos diplomas das melhores escolas.

Outro ponto positivo de um (bom) programa de MBA é, sem dúvida, o networking que ele proporciona. Grande parte do aprendizado decorre justamente da troca de experiência e conhecimentos entre os participantes do curso.

Como escolher um bom programa de MBA

Na internet você encontra uma série de rankings com os melhores MBAs do Brasil e do mundo, publicados geralmente por importantes veículos de imprensa. Um ranking pode ser um importante ponto de partida para a escolha de um curso de MBA, mas jamais pode ser o ponto final. Entre outros fatores, você deve avaliar:

* Se o programa do curso se alinha aos próprios objetivos acadêmicos e profissionais;
* Se o corpo docente é formado por profissionais com reconhecida competência em suas áreas de atuação;
* Se a carga horária é igual ou superior a 360 horas (os melhores programas, geralmente, oferecem mais de 420 horas de curso);
* Se o programa oferece formação com padrão internacional e convênios com escolas estrangeiras;
* Se a escola conta com boa infraestrutura, com biblioteca contendo acervo atualizado, além dos equipamentos necessários para dar suporte às aulas (projetores, computadores etc.);
* Se o MBA conta com algum selo de qualidade de uma entidade internacional, como a Association to Advance Collegiate Schools of Business (AACSB), a Association of MBAs (AMBA) ou o European Quality Improvement System da European Foundation for Management Development (EFMD-EQUIS).

Critérios de seleção

No Brasil, os critérios de seleção dos candidatos de MBA variam de escola para escola. Algumas instituições exigem comprovação de domínio do inglês através de certificados como TOEFL, TOIC, IELTS e similares. A análise de currículo é padrão para todas, e espera-se que o candidato tenha alguns anos de experiência profissional. É comum também solicitarem uma ou duas cartas de recomendação, além de uma carta de intenções do próprio candidato. Praticamente todos os programas realizam uma entrevista pessoal.

Alguns cursos ainda exigem que o candidato faça o Graduate Management Admission Test (GMAT), teste em inglês que estabelece uma pontuação geral, variável entre 200 a 600 pontos, em um conjunto de provas que avaliam as capacidades verbais e matemáticas do candidato.

No exterior, os critérios são ainda mais rigorosos, principalmente nas escolas consideradas de excelência. Além de boas notas no GMAT, a análise de currículo é mais criteriosa, buscando avaliar não apenas as realizações profissionais do candidato, mas também sua história acadêmica. Boas notas e publicações contam muitos pontos. Você também deve ter uma ideia clara da razão pela qual deseja fazer o curso, manifestando suas intenções nos chamados *essays* (ensaios). Segundo Nedda Gilbert e seus colegas da *The Princeton Review*,[49] os comitês de admissão consideram essas redações o ponto decisivo para admitir ou reprovar um candidato de MBA, pois fornecem informações substantivas sobre quem você realmente é. A verdade é que nos revelamos através daquilo que escrevemos, e o *essay* é uma importante ferramenta para que os comitês de admissão possam traçar um perfil psicológico do aplicante. A etapa final é a entrevista, mas não

---

49 GILBERT, N. *et al.* **The Best Business Schools:** 2011 edition. Framinghan, MA: Princeton Review, 2011.

é comum em todas as escolas, principalmente porque esses programas de MBA recebem candidaturas de todas as partes do mundo.

MESTRADO ACADÊMICO, MESTRADO PROFISSIONAL E DOUTORADO

O mestrado é a porta de entrada para uma formação mais aprofundada. A modalidade de mestrado acadêmico, em linhas gerais, objetiva formar professores de nível superior e pesquisadores. Já o mestrado profissional tem foco no mercado e abordagem menos teórica, assemelhando-se muito ao formato do MBA americano pleno (que eles chamam de *full time*). Ambos os tipos conferem título de mestre ao bravo e destemido aluno que consegue passar por todas as disciplinas e, na fase final do curso, desenvolver, sempre sob a orientação de um professor doutor, uma dissertação, e defendê-la publicamente perante uma banca de três ou mais doutores. Normalmente, o mestrado em Administração é realizado em um período de dois anos. Em geral, no primeiro ano o aluno cursa as disciplinas e, no último ano, escreve a dissertação. Há a possibilidade de se concluir antes desse prazo – tudo depende de finalizar a dissertação e cumprir o mínimo de créditos estabelecido pela instituição.

No doutorado, a viagem continua. O candidato a doutor também deve cumprir determinado número de créditos estabelecido pela instituição, podendo, inclusive, aproveitar créditos de disciplinas cursadas no mestrado. O doutorando também conta com um orientador e deve desenvolver, por sua vez, uma tese doutoral, na qual se espera originalidade e que contribua para o avanço do conhecimento em seu campo de estudo. Normalmente, o doutorado estende-se por quatro anos.

Critérios de seleção

Os programas de mestrado e doutorado brasileiros costumam adotar processos de seleção tão rigorosos quanto os de universidades estrangeiras. As exigências costumam ser as seguintes: cartas de recomendação e carta de intenção, redação, proficiência comprovada em inglês e/ou outra língua estrangeira, análise de currículo e entrevista. No lugar do GMAT, exige-se a realização do Teste ANPAD, um exame organizado pela Associação Nacional de Pós-Graduação e Pesquisa em Administração, a ANPAD (daí o nome do teste, óbvio).

Similar ao americano, o Teste ANPAD avalia a capacidade do candidato em um conjunto de cinco provas (português, inglês, raciocínio lógico, raciocínio quantitativo e raciocínio analítico), atribuindo-lhe uma pontuação que é informada aos programas determinados pelo candidato. O teste acontece três vezes por ano, normalmente nos meses de fevereiro, junho e setembro, e o candidato pode fazê-lo várias vezes. As instituições sempre irão considerar sua pontuação mais elevada. Muita gente costuma subestimar esse teste, pois, ao tomar conhecimento de provas anteriores, não considera as questões tão difíceis. Entretanto, na prática o Teste ANPAD avalia não apenas sua capacidade em cada prova específica, mas também sua capacidade de controlar os nervos e saber utilizar o tempo de maneira eficaz. Cada prova é composta por 20 questões que devem ser resolvidas em apenas 50 minutos – ou seja: você pode gastar menos de dois minutos e meio em cada questão (e ainda tem de sobrar tempo para preencher o gabarito). Meu conselho é que, se for prestar esse exame, prepare-se bastante. O site oficial www.anpad.org.br/teste tem todas as informações, exemplo de questões, provas anteriores e também simulados on-line.

Geralmente, os programas de doutorado exigem a apresentação de um anteprojeto de tese, no qual o candidato deve detalhar o que pretende investigar e como. Em sua maioria, os programas de mestrado não fazem essa exigência, mas eu aconselho que você faça um anteprojeto de dissertação, caso se candidate a um mestrado. Além de contar pontos (não oficiais), esse projeto pode ajudá-lo bastante a seguir por determinada direção quando já estiver lá dentro, evitando perder muito tempo divagando sem saber o que fazer (o que é bastante comum).

Ah, não posso deixar de mencionar o que é valorizado no currículo. Essencialmente, os programas de mestrado acadêmico e doutorado buscam candidatos com o potencial de se tornar professores e pesquisadores, enquanto os de mestrado profissional procuram por candidatos que tenham um pé no mercado e outro na academia. É importantíssimo você ter um histórico de realizações acadêmicas para apresentar. Tudo aquilo que sugeri no Capítulo 5 sobre fazer iniciação científica, participar de grupos de pesquisa, trabalhar como monitor etc. conta pontos valiosíssimos nesses processos seletivos. Sobre o formato de apresentação do currículo, no meio acadêmico o padrão adotado é o da plataforma Lattes, do CNPq, uma base de dados que concentra currículos de pesquisadores, instituições e grupos de pesquisa. Para cadastrar o seu, basta entrar no site da plataforma Lattes.[50]

AVALIAÇÃO DA CAPES

Os cursos *stricto sensu* sofrem uma fiscalização muito mais intensiva por parte do MEC através da Capes (Coordenação de Aperfeiçoamento de Pessoal de Nível Superior), agência vinculada ao MEC responsável por expandir e consolidar a pós-graduação *stricto sensu* no Brasil. A Capes avalia todos os programas de mestrado e doutorado a cada quatro anos, atribuindo-lhes notas que variam conforme os seguintes conceitos:

1 (fraco)

2 (deficiente)

3 (regular)

4 (bom)

5 (muito bom)

6 e 7 (excelência de nível internacional)

Os programas que recebem conceito 1 ou 2 na avaliação trienal da Capes são descredenciados, ou seja, os diplomas emitidos após a decisão da Capes no *Diário Oficial* não têm nenhuma validade no Brasil. Na prática, os programas descredenciados são fechados pela própria instituição de ensino antes mesmo da publicação no *Diário Oficial*. Esse controle da Capes

---

50 PLATAFORMA LATTES. Disponível em: http://lattes.cnpq.br/. Acesso em: 2 out. 2022.

é extremamente importante para o crescimento e a manutenção da qualidade dos programas *stricto sensu*, que devem corresponder aos critérios de exigência da Capes. Verifique no site https://sucupira.capes.gov.br/ a relação dos cursos de mestrado e doutorado em Administração e a sua situação regular no órgão que pode variar a cada nova avaliação.

BOLSAS DE ESTUDO

Existem diversas instituições que fomentam o desenvolvimento científico e apoiam os estudos acadêmicos, tanto no Brasil quanto no exterior. Algumas delas:

* Capes – Coordenação de Aperfeiçoamento de Pessoal de Nível Superior
  Site: www.capes.gov.br
* CNPq – Conselho Nacional de Desenvolvimento Científico e Tecnológico
  Site: www.cnpq.br
* Fapesp – Fundação de Amparo à Pesquisa do Estado de São Paulo
  Site: www.fapesp.br
* Fundação Fulbright
  Site: www.fulbright.org.br
* Rotary
  Site: www.rotary.org.br
* Fundação Ford
  Site: www.programabolsa.org.br

- * Becas Mae
  Site: www.becasmae.es
- * Fundação Ling
  Site: www.institutoling.org.br
- * Fundação Carolina
  Site: www.fundacioncarolina.es
- * Humboldt Foundation
  Site: www.humboldt-foundation.de

O QUE É MELHOR PARA VOCÊ?

Decidir que tipo de pós-graduação cursar depende muito de seus objetivos profissionais e de seu estágio de vida.

Se você for jovem, recém-graduado, com pouca ou nenhuma experiência profissional, mas, mesmo assim, deseja iniciar uma pós-graduação, eu aconselharia escolher uma especialização em sua área de maior interesse, de preferência fazendo esse curso já trabalhando em uma organização, seja ela pública ou privada. A especialização irá ajudá-lo a aumentar sua competência na área de especialidade, o que pode implicar um significativo avanço em sua carreira. Quando você já tiver alguns anos de experiência, pode considerar a hipótese de um MBA ou mestrado (acadêmico ou profissional), dependendo, repito, de seu perfil e objetivos profissionais.

Se você já se formou há algum tempo, e já tem alguns anos de experiência profissional, pode partir direto para um MBA – ou até mesmo um mestrado, se tiver perfil e disponibilidade para se dedicar integralmente (ou quase) à atividade acadêmica.

Se você considera a possibilidade de cursar um MBA ou doutorado fora do Brasil, acesse o site de cada instituição para conhecer detalhes de seus programas e de processos seletivos. É interessante, também, conhecer o corpo docente e as linhas de pesquisa trabalhadas pelos professores de sua área de interesse. Se você já tiver uma ideia madura de um possível projeto de pesquisa, é positivo entrar em contato com os docentes que pesquisam a mesma linha que você pretende seguir. Logicamente, isso não tem nenhum peso objetivo na seleção, mas você poderá desenvolver melhor as propostas que pretende apresentar para seus programas de interesse, além de ser uma excelente forma de desenvolver uma rede de contatos internacional. Como tudo na vida, passar um tempo fora do país tem seus pontos positivos e negativos. O lado vazio do copo é ficar longe da família e amigos, viver, com certeza, com menos conforto, despender uma boa grana e desconectar-se do mercado nacional, onde você já pode estar desenvolvendo uma carreira estável e promissora. O lado cheio é ter uma experiência em outro país, mergulhar em outra cultura, conhecer novas pessoas, aprender muito mais do que o próprio curso irá lhe oferecer, oxigenar sua mente com novos ares, novas referências, enfim: tornar-se um administrador global de fato.

APOIO DA FAMÍLIA

Quando terminei minha graduação em Administração, como já tinha alguns anos de experiência profissional, optei por realizar um MBA em Marketing, área da Administração que mais me encanta. Um pouco mais tarde, senti a necessidade de me aprofundar mais, e decidi fazer um mestrado acadêmico em Administração, optando, dessa vez, pela área de Organizações. Meu objetivo com o mestrado era expandir minha compreensão da Administração, razão pela qual escolhi essa área. O Programa de Pós-Graduação em Administração da Universidade Federal do Rio Grande do Sul sempre foi um programa extremamente exigente, uma espécie de BOPE[51] da academia (não foi à toa que eles conquistaram a nota máxima da Capes na época em que estudei lá). Foi uma época difícil, pois tive de conciliar o mestrado, o início das atividades do portal Administradores.com e ainda dar aulas. Lembra-se da máxima "cada escolha, uma renúncia"? Eu tive de renunciar a meus fins de semana e a muitas noites de sono durante dois anos. Não tive nenhum problema de saúde, mas fiquei grisalho com vinte e poucos anos. Não fosse o apoio incondicional da minha esposa e da minha família, teria sido um fardo muito mais pesado. Serei eternamente grato a eles por isso.

Quando você for embarcar em uma jornada parecida, será muito bom poder contar com o apoio dos seus também. Dependendo de como for o estilo de sua família, talvez você encontre alguma resistência. Procure dialogar e mostrar por que essa decisão é importante para você – e para eles também. Em uma das cenas mais marcantes do filme *Gladiador*,[52] Maximus (o gladiador do título) e um pequeno grupo de outros

---

[51] Sim, estou me referindo ao Batalhão de Operações Policiais Especiais da Polícia Militar do Rio de Janeiro, retratado no badalado filme *Tropa de Elite*.
[52] GLADIADOR. Direção: Ridley Scott. EUA: Scott Free Productions e Red Wagon Entertainment, 2000. Vídeo (155 min).

gladiadores estão na arena do Coliseu prestes a enfrentar mais uma batalha por suas vidas, mas sem ter a menor ideia do que viria pela frente. Maximus fala com seus companheiros: "O que quer que saia daqueles portões, nós temos uma chance maior de sobreviver se trabalharmos juntos. Vocês entenderam? Se ficarmos juntos, sobreviveremos." E foi assim que eles vence-ram aquela batalha, permanecendo juntos.

NAVEGANDO NA SOCIEDADE DO CONHECIMENTO

Fazer uma pós-graduação (especialização, MBA, mestrado ou doutorado) não é a única maneira de se navegar na sociedade do conhecimento, embora a forma como esses cursos estão estru-turados facilite bastante o aprendizado, pois você tem várias obri-gações e prazos que precisam, necessariamente, ser cumpridos.

Entretanto, como o acesso ao saber não exige diplomas, a busca pelo conhecimento deve ser uma prática cotidiana, in-dependentemente de se estar matriculado em um curso for-mal ou não. Tenha isso sempre em mente e procure se man-ter intelectualmente na ativa, com leituras em dia e atualizado com o que anda acontecendo no mundo.

Não seria demais lembrar que mais uma exigência asso-ma-se à de se manter em constante atualização: saber fazer uso de todo esse conhecimento na prática. Somente dessa forma você estará apto a enfrentar o gigantesco desafio que é administrar e estar à frente de uma organização.

CAPÍTULO 10

OPÇÕES DE CARREIRA

Felizmente, a Administração abre um leque imenso de possibilidades de carreira e, se você tiver feito o dever de casa direitinho durante os anos de faculdade, não terá dificuldade para encontrar (ou, até mesmo, criar) o seu lugar ao sol. Sempre bato na tecla (inclusive já mencionei diversas vezes) da importância de um administrador em todos os processos de uma organização, do planejamento à execução. Toda organização, independentemente de sua natureza – pública ou privada – ou de sua dimensão – pequena, média ou grande –, precisa de um administrador.

Os campos de atuação do administrador são vastos e compreendem todas as atividades relativas às áreas de Administração Financeira, Administração de Materiais, Marketing, Administração da Produção, Administração de Pessoas, Orçamento, Organização e Métodos e diversos campos conexos que compreendem da administração de consórcio até algo como turismo.

Na prática, profissionais de diversas áreas acabam disputando com o administrador vagas que, em teoria, seriam exclusivas desse último. Porém, conforme mencionei no primeiro capítulo, nenhum outro curso universitário reúne condições de melhor formar um "administrador" a não ser o próprio curso de Administração. Essa não é uma constatação ufanista de um mero apaixonado por sua profissão. É uma resposta à necessidade cada vez maior de pessoas capazes não apenas de navegar pelas águas turbulentas do mercado, mas também de conduzir as demais pessoas da tripulação com uma visão clara e decidida: vamos por aqui. Mas lógico que estou falando de administradores em nível de excelência, o tipo de profissional que você irá se tornar mais na frente, combinado?

POR ONDE SEGUIR?

Percorrer todo o caminho de uma graduação e, eventualmente, uma pós-graduação, também é um processo de autoconhecimento. Ao mesmo tempo que você desenvolve uma série de habilidades e adquire uma porção de novos conhecimentos, também identifica quais dessas habilidades e desses conhecimentos despertam certa paixão em você. A essa altura do campeonato, você já terá uma noção clara daquilo em que é bom. Agora é a hora de escolher qual direção profissional seguir levando em consideração em que tipo de organização e área de atuação seus pontos fortes podem ser um importante diferencial.

Quando dava aulas para alunos do primeiro semestre, na Universidade Federal do Rio Grande do Sul, na primeira semana de aula fazia uma espécie de pesquisa, perguntando, dentre outras questões, quais as suas aspirações para o futuro, ou seja, aonde eles gostariam de chegar depois de formados. Algo em torno de 80% das respostas diziam respeito a ocupar o cargo de presidente de uma grande empresa. A má notícia é que nem todos chegam nessa posição. A boa é que existe (e muita) vida além das grandes empresas.

Em linhas gerais, você pode considerar as seguintes possibilidades:

* Carreira em organizações privadas;
* Carreira no setor público;
* Empreender.

Cada opção tem suas vantagens e desvantagens. Você deve pesar bem o que é importante para você, quais são suas competências e habilidades atuais e o que deve aprimorar para poder abraçar suas escolhas com maiores chances de sucesso.

CARREIRA EM ORGANIZAÇÃO PRIVADA

Trabalhar em uma organização privada, ser funcionário de uma empresa, é o caminho trilhado pela maioria dos egressos do curso de Administração.

Muitas vezes, essa carreira começa até mesmo durante a própria faculdade, quando surgem as oportunidades de estágio. É muito comum, dependendo da empresa, que bons estagiários sejam posteriormente efetivados como funcionários da organização e desenvolvam uma carreira lá dentro.

Já conversei com diversos CEOs e executivos C-Level no Café com ADM, podcast em que eu entrevisto grandes personalidades do mundo dos negócios todas as semanas, e essa trajetória de passar inicialmente por um estágio ou programa de trainee e depois o desenvolvimento de uma carreira na mesma empresa é muito frequente.

A Juliana Azevedo, CEO da Procter & Gamble no Brasil, é um desses casos que passaram pelo Café com ADM: ela iniciou como estagiária na companhia, passou por diversas áreas da empresa, subindo degrau por degrau, até chegar à presidência da P&G.[53]

Se você, assim como a maior parte dos meus alunos, almeja grandes empresas, tenha em mente que as startups e as organizações de pequeno e médio porte também oferecem ótimas oportunidades de carreira – e boas chances para se fazer a diferença.

Ainda que um funcionário não assuma os mesmos riscos que um empreendedor, sua vida não é menos arriscada. As empresas brasileiras estão inseridas em um ambiente de alta competitividade e grande complexidade. Para se destacar nesse cenário, você deve ser um excelente profissional, manter-se em constante evolução e ter, também, espírito empreendedor – o que significa comportar-se como verdadeiro dono do negócio.

---

53 CAFÉ COM ADM 238. Planejamento de carreira: o que você precisa saber. Entrevistador: Leandro Vieira. Entrevistada: Juliana Azevedo. jun. 2021. *Podcast*. Disponível em: https://open.spotify.com/episode/6uZhuyCKl96lUy1QJvNxHW. Acesso em: 11 set. 2022.

CARREIRA NO SETOR PÚBLICO

O setor público tem sido cada vez mais desejado pelos brasileiros. O principal atrativo é a estabilidade, acompanhado de diversos outros benefícios que variam, dependendo da posição ocupada.

O Conselho Federal de Administração, juntamente com os Conselhos Regionais, tem empreendido um forte trabalho de fiscalização em cima dos editais de concursos públicos, buscando garantir o oferecimento de vagas nas áreas privativas do administrador apenas aos administradores. A iniciativa também é positiva, no sentido de aumentar o número de pessoas qualificadas e realmente preparadas para exercer funções de administração na esfera pública, o que, sem dúvida, irá gradativamente aumentar a qualidade dos serviços prestados à sociedade.

Existe, porém, um grande risco ao se escolher essa carreira: o de não passar. O número de vagas não cresce na mesma proporção do número de candidatos, que vem aumentando a galopes ano após ano.

Tenha em mente que, se escolher essa carreira, você precisará se dedicar exaustivamente aos estudos – o que, em todo o caso, não garante a aprovação.

EMPREENDER

Não quero influenciá-lo com minhas próprias escolhas, mas sou fascinado pelas possibilidades que se abrem a partir da decisão de empreender. Enxergo o empreendedorismo como a principal via na construção de riquezas e no desenvolvimento de uma sociedade. É válido deixar expresso que não é fácil fazer negócios no Brasil, como falei lá no início do livro, mas se essa é a jornada que faz o seu coração bater mais forte, siga em frente.

Eric Ries abre o primeiro capítulo de seu célebre livro *A startup enxuta* com a seguinte frase: "desenvolver uma startup é um exercício de desenvolver uma instituição, portanto, envolve necessariamente administração".[54] Ries é enfático: empreender é administrar. Sempre nutri essa mesma visão, que desafia totalmente o meio acadêmico e seu eterno vício em criar conceitos, muitas vezes sem entender a própria essência daquilo que se pretende conceituar.

Os candidatos a empreendedores costumam torcer o nariz para a Administração. Administrar, segundo eles, é a parte chata, a parte que deve ser delegada a alguém menos talentoso, alguém que não conte com a sua visão privilegiada e sua postura mental vencedora. Parece que o mais importante é ter uma ideia revolucionária, acreditar no seu potencial e compartilhar frases bonitinhas no Instagram. Para essa turma, o sucesso não é uma questão de esforço inteligente (e bem administrado), mas de destino. Se empreender é algo que se aprende com os erros, esse certamente é o primeiro deles.

Lembra do filme Karate Kid[55] (o dos anos 80, claro)? Daniel Larusso, mais conhecido como Daniel San, o franzino

---

54 RIES, E. **A startup enxuta:** como usar a inovação contínua para criar negócios radicalmente bem-sucedidos . Rio de Janeiro: Sextante, 2019.
55 KARATÊ Kid: a hora da verdade. Direção: John G. Avildsen. EUA: Columbia Pictures, 1984. Vídeo (126 min).

protagonista que queria aprender caratê para não apanhar mais na escola, foi ter aulas com o lendário Senhor Miyagi. As primeiras lições pareciam não ter nada a ver com a arte marcial e, inclusive, deixaram Daniel San muito frustrado: ele passava os dias pintando a cerca, polindo o carro e lixando o assoalho de Miyagi. Parecia óbvio que o velho japonês estava apenas se aproveitando do jovem em vez de ensinar-lhe a milenar arte do caratê. Entretanto, lá pelas tantas, Daniel San se viu repetindo naturalmente os movimentos dessas atividades aparentemente sem sentido no meio das diversas lutas que veio a travar ao longo do filme, o que foi essencial para que ele desenvolvesse a maestria na arte marcial.

Empreender tem muito de executar movimentos básicos também. Peter Drucker (já perdi a conta de quantas vezes citei o pensador mais amado da Administração por aqui) evidenciou exatamente isso em *Inovação e espírito empreendedor* quando disse que empreender "requer, sobretudo, a aplicação de conceitos básicos, a *techné* básica, da Administração para problemas novos e oportunidades novas".[56] Drucker, inclusive, credita à Administração o sucesso dos Estados Unidos como uma nação empreendedora.

Empreendedorismo vai muito além de pensamento positivo. Se você quer realmente empreender com maestria, comece agora mesmo a pintar a sua cerca. Dedique seu tempo a aprender a administrar. Será a sua habilidade como administrador que determinará o seu sucesso como empreendedor. Lembre-se sempre: empreender é administrar.

---

[56] DRUCKER, P. F. **Inovação e espírito empreendedor**: prática e princípios. São Paulo: Thomson Pioneira, 2022.

Como começar a empreender

A maior parte dos empreendedores não tem problemas para iniciar um negócio, mas em descobrir qual negócio criar. Muitos acabam se aventurando, geralmente, nos ramos de alimentação e vestuário, onde os riscos são, consideravelmente, maiores. Scott Shane[57] parte da identificação da oportunidade certa como fator-chave para o êxito de um empreendimento. Segundo o professor, as chances de sucesso são maiores em empresas de alta tecnologia do que em negócios de baixa tecnologia (como varejo ou restaurantes), onde a taxa de fracassos é alta e os lucros médios mais baixos. E, por alta tecnologia, não pense apenas em computação e telecomunicações – há muitas oportunidades latentes em biotecnologia, indústria aeroespacial, eletrônica, equipamentos médicos e farmacêuticos, robótica e muitos outros.

Se você escolher a carreira empreendedora, tenha em mente que os desafios serão diários. Não que também não seja assim se você for funcionário de qualquer empresa. A diferença é que, ao empreender, você é o principal tomador de risco. A adrenalina, nesse caso, é bem maior.

Ah, o que vou falar agora pode soar óbvio para alguns leitores, mas não tão óbvio para outros. Você não precisa de um diploma para empreender – e calma!, não estou falando para você abandonar a faculdade para criar um negócio. Sou totalmente contra essa ladainha de diversos gurus do Instagram. O que quero dizer é que, sim, você pode começar o seu negócio agora mesmo, durante a sua graduação. Lembra quando eu

---

57 SHANE, S. **Sobre solo fértil:** como identificar grandes oportunidades para empreendimentos em alta tecnologia. Porto Alegre: Bookman, 2005.

falei por aqui sobre a importância de ter uma atividade prática paralela aos seus estudos? Empreender pode ser essa experiência prática. Eu mesmo comecei o Administradores.com durante a faculdade de Administração, e incontáveis negócios de sucesso tiveram seu início durante o período de formação de seus fundadores.

Se você quer ajuda para desenvolver suas competências empreendedoras, existem várias alternativas. O Sebrae, por exemplo, conta com ótimos programas que podem ajudá-lo nesse processo. Participei do mais famoso deles, o EMPRETEC, seminário concebido pela Organização das Nações Unidas, focado inteiramente no desenvolvimento dessas competências.

Na internet, você pode se desenvolver sem sair de casa. No Administradores Premium, *streaming* de educação em negócios do Administradores.com, você tem acesso a uma plataforma completa no estilo da Netflix: por meio de uma única assinatura, você tem acesso a dezenas de cursos.

Empreender é uma opção de carreira que exige aperfeiçoamento contínuo, bastante resiliência e muita persistência. Tive aulas com a professora Lynda Applegate, da Harvard Business School, uma lenda viva no ensino de empreendedorismo. Lynda costumava repetir um mantra que traduz a essência do empreendedorismo: "empreender é uma jornada, não um destino".

E para trilhar essa jornada, não existe receita de bolo. O que dá certo para um empreendedor pode não dar certo para outro. Você pode, inclusive, ignorar algum dos princípios que vou apresentar a seguir e ter sucesso. De qualquer forma, não poderia deixar de compartilhar com você algumas lições que

OPÇÕES DE CARREIRA

extraí empreendedndo ao longo de mais de 20 anos à frente do Administradores.com. Vamos lá?

1. **Mente de principiante**. Este é o princípio mais importante de toda essa lista. Só conseguimos evoluir quando reconhecemos que temos muito ainda a aprender. O célebre mestre zen Shunryu Suzuki resumiu tudo nessa frase: "há muitas possibilidades na mente do principiante, mas poucas na do perito".[58] Quando alguém tem a ilusão de que sabe muito, automaticamente se fecha para o novo. A mente do principiante, pelo contrário, é genuinamente humilde e ávida por aprender. Somente essa postura abre espaço para o verdadeiro crescimento pessoal e profissional;

2. **Faça perguntas**. Sim. Faça perguntas para os outros e, sobretudo, para si mesmo. Quando alguém nos pergunta algo, automaticamente nosso cérebro se ativa no sentido de encontrar uma resposta. Quando fazemos uma pergunta a nós mesmos, o mecanismo é o mesmo. Empreendedores estão a todo momento se perguntando coisas do tipo: "o que eu devo fazer para conquistar mais clientes?", "como devo melhorar meu negócio?", "o que meus clientes precisam?", "se eu fosse meu cliente, que imagem eu teria da minha empresa?",

---

58 SUZUKI, S. *In*: **Pensador**. Disponível em: https://www.pensador.com/frase/MzIzNjUxMQ/. Acesso em: 11 set. 2022.

e por aí vai. Perguntas evocam respostas – e esse mecanismo é extremamente poderoso;

3. Não trabalhe pelo dinheiro. Muita gente tem a vontade de começar a empreender para ganhar mais dinheiro. São justamente essas pessoas que jogam a toalha alguns meses depois de abrirem o seu negócio. Quando o dinheiro não aparece, quando o caixa fica negativo, quem se motiva unicamente por resultados financeiros fica logo desmotivado. Quando comecei o meu próprio negócio, nem me lembro de quando fui receber alguma coisa. Mas me recordo totalmente da felicidade que ficava a cada e-mail recebido com algum comentário do tipo "ei, o seu site tem feito a diferença em minha vida". Quando o negócio tem um propósito relevante, o empreendedor se entusiasma simplesmente em perseguir a sua missão;

4. Quedas fortalecem. Você pode até tomar lições de como andar de bicicleta em algum livro ou site, mas só na prática aprenderá a pedalar – e isso implica muitas quedas e barbeiragens até você pegar o jeito. Empreender não é muito diferente. Você irá errar – e isso é inevitável. Não se condene ao cometer algum erro. Reconheça, corrija e aprenda;

5. Mantenha o foco, mas deixe a mente livre. Fato: o sucesso do seu negócio depende da sua capacidade de focar no que realmente importa.

Inevitavelmente, você deverá renunciar dezenas de outras ideias e propostas ao longo do tempo. Entretanto, eis aqui um paradoxo: sua mente deve estar livre para se manter fértil. Somente dessa forma você será capaz de conduzir as inovações necessárias para ir além. Você deve dominar o seu foco, e não o seu foco dominar você;

6. **Pessoas são o centro de tudo.** Todo mundo tem a mania de colocar os holofotes em cima do empreendedor – e as luzes dos holofotes podem cegar. Não se iluda: ninguém constrói nada sozinho. Como empreendedor, você liderará apenas um processo onde a colaboração e o apoio de inúmeras pessoas são fundamentais. Não só aquelas que trabalham diretamente com você, mas também clientes, fornecedores, parceiros e, sobretudo, sua família. As pessoas que sonham o seu sonho e que ajudam a colocá-lo de pé são o centro de tudo;

7. **Cuidado com o que você deseja.** Parece frase de filme de terror, mas você realmente deve tomar cuidado com as coisas que almeja. Da mesma forma que o cérebro tenta buscar respostas para uma pergunta, aquilo que você deseja também acaba influenciando totalmente em seus resultados. Exemplo: "eu quero que o meu negócio cresça o suficiente para pagar minhas contas". Bata na madeira. Se você deseja algo assim, é batata: você atingirá o seu objetivo e não passará disso.

Ouse pensar grande. Treine a visão além do alcance: mesmo que esteja à frente de um negócio pequeno agora, se tiver a capacidade de visualizar a conquista de patamares superiores, será muito mais fácil chegar lá;

8. **Mantenha a sua essência.** Se tudo der certo, você vai se dar conta de que empreender é como subir uma escada ou escalar uma montanha. Lógico que essa jornada irá lhe transformar todos os dias. Lógico que você vai se tornar mais forte, mais confiante e mais seguro. Mas não deixe suas virtudes essenciais pelo caminho. Muita coisa mudará em sua vida, mas os seus valores devem permanecer os mesmos. Jamais se transforme na pessoa que você abominou um dia.

OUTRAS OPÇÕES

Além das possibilidades apresentadas, outras opções também podem ser interessantes – e não necessariamente demandam dedicação exclusiva, ou seja, você pode ter uma ocupação em determinado período e dedicar-se a outra em seu tempo vago.

Muitos administradores se dedicam à consultoria, ramo que sempre apresenta ótimas oportunidades de negócios. O importante é que, para atuar como consultor, é fundamental ter experiência em organizações do ramo em que se pretende prestar esse tipo de serviço. Conheço vários bons consultores, mas não me recordo de nenhum que tenha iniciado sua carreira como consultor sem ter experiência em outras organizações, seja como funcionário ou como proprietário. A consultoria pode ser abraçada em tempo integral ou pode ser uma atividade desenvolvida paralelamente a outra, dependendo da disponibilidade de tempo do profissional.

Outra possibilidade legal é dar aulas. Ao mesmo tempo que o profissional se dedica a compartilhar suas experiências e conhecimentos com os alunos, também aprende e se desenvolve. Manter-se atualizado é uma prerrogativa para se dedicar ao ensino, o que torna o exercício da docência uma atividade extremamente interessante, uma vez que você recebe para aprender. Se você optar por essa carreira, também recomendo que, antes disso, tenha experiência em outras organizações. O professor de Administração deve ser alguém com experiência prática em seu objeto de ensino, pois só assim conseguirá estabelecer conexões entre a teoria e a prática.

ABRACE SUAS ESCOLHAS COM PAIXÃO E ENTUSIASMO

> Ao infinito –
> e além!
> Buzz Lightyear

Você não pode ser excelente no que faz se não trabalhar com paixão e entusiasmo. Separe cem pessoas bem-sucedidas que conhece e admira. Você poderá identificar diversas características que as distinguem umas das outras. Algumas podem ser introspectivas, outras expansivas; umas mais estressadas, outras menos; algumas podem ter perfis de líderes, outras não estão nem aí pra isso, e por aí vai. Uma característica que será comum entre todas é a paixão e o entusiasmo que têm pelo que fazem. *Não existe carreira brilhante sem brilho nos olhos.*

Somente empregando paixão e entusiasmo em suas atividades, você será capaz de explorar todas as suas potencialidades – e ir além.

CAPÍTULO 11

E SE NÃO DER CERTO?

ALGUMAS IDEIAS TÊM UMA FORÇA ESTRANHA

Contei no começo do livro que, em um dia qualquer do ano 2000, no meio de uma aula do curso de Administração, tive a ideia de criar um site que servisse de ponto de encontro para todas as pessoas interessadas em Administração. Era basicamente o começo da internet no Brasil e não existia nenhum projeto parecido na rede, além dos entediantes sites dos veículos de imprensa tradicionais. Alguns experts falam que não existe esse negócio de lâmpada que se acende em cima da cabeça, mas é assim que eu funciono. A lâmpada acendeu – plim! – e desse insight nasceu o Administradores.com algum tempo depois.

Aquela simples ideia definiu praticamente tudo o que eu viria a fazer depois em minha vida, inclusive este livro. Para estar à frente de um portal que pretendia ser a porta de entrada digital para o mundo da Administração, eu precisava, primeiramente, entender a própria Administração. Embora já fosse um ótimo aluno, a partir daquele dia passei a me dedicar muito mais ao curso, passei a ler muito mais, a fazer cursos por fora e – depois de terminada a faculdade – embarquei em um MBA e em um mestrado mais na frente.

Durante um bom tempo, acabei me dedicando a várias coisas ao mesmo tempo. Por exemplo: durante a graduação em Administração, conciliava ainda outra em Direito. Quando cursava o mestrado, comecei a dar aulas de diversas disciplinas de Administração. E, no meio disso tudo, havia o Administradores.com, que demandava boa parte do meu tempo e me obrigava a estender as horas do dia madrugada adentro (e aqui cabe mais um agradecimento formal à minha esposa por sua inestimável ajuda com as centenas de e-mails diários do site. Muito obrigado!).

Em 2007, depois de ter concluído toda essa jornada, decidi que era hora de me dedicar exclusivamente ao Administradores.com. Estava dando aula em uma faculdade e pedi demissão. Totalmente focado, havia decidido que nada no mundo me desviaria desse foco.

Os resultados começaram a aparecer rapidamente. Primeiro: saímos do home office para uma sala comercial. Contratamos as primeiras pessoas. A audiência começou a crescer de maneira exponencial e também pintaram vários contratos de publicidade. Foco passou a ser não apenas um lema, mas um verdadeiro mantra.

Até que apareceu um professor gringo de uma renomada universidade americana. O sujeito queria desenvolver uma pesquisa sobre empreendedorismo comigo. Eu fiquei tentado: era o pontapé inicial para um doutorado sob sua orientação. E aí comecei a me preparar para o GMAT, o TOEFL e toda aquela papagaiada que eu já comentei anteriormente que exigem para uma pós nos Estados Unidos.

O professor marcou um encontro comigo em fevereiro de 2008. Para não passar vergonha falando um inglês macarrônico, eu e minha esposa decidimos fazer um curso intensivo do idioma no país antes do encontro. Agora é que vem a parte boa da história.

Pagamos o curso de inglês, a acomodação em uma casa de família e, por fim, fomos tirar o visto no consulado americano. Você já deve ter visto esse filme antes: um casal jovem, na casa dos vinte e poucos anos, pouco dinheiro no banco, com toda pinta de quem quer tentar a vida no país do Tio Sam. Resultado: visto negado.

Existem vários ditados que explicam o acontecido, como o famoso "Deus escreve o certo por linhas tortas". Também gosto muito de uma frase do Dalai Lama que diz que "às vezes, não conseguir o que você quer é uma tremenda sorte".[59]

E foi realmente uma grande sorte. Devo muito ao cara do consulado que não engoliu a nossa história (embora fosse totalmente verdadeira!). Se tivéssemos ido para os Estados Unidos naquele ano de 2008, as coisas teriam tomado um rumo totalmente diferente por aqui. Eu provavelmente teria seguido para o doutorado por lá, 4 ou 5 anos longe do Brasil, o Administradores.com certamente teria morrido na casca e provavelmente você não estaria lendo este livro.

---

59 LAMA, D. *In:* **Goodreads**. Disponível em: https://www.goodreads.com/quotes/125985-remember-that-sometimes-not-getting-what-you-want-is-a. Acesso em 29 set. 2022.

De alguma forma, a força estranha daquela ideia havia me puxado de volta para ela.

Muitas vezes fazemos escolhas que nos tiram do caminho correto. É impossível acertar todas as nossas decisões. Mas, muitas vezes, a própria vida – e não nós mesmos – se encaminha de nos recolocar nos trilhos do nosso verdadeiro destino. Podemos nos frustrar por não atingirmos esse ou aquele objetivo, ficamos chateados, mas mais à frente aquilo que parecia uma grande derrota se revela um fator crucial para a nossa vitória.

Steve Jobs, em seu memorável discurso aos formandos de Stanford, em 2005, resumiu perfeitamente esse grande mistério: "Você não consegue ligar os pontos olhando pra frente; você só consegue ligá-los olhando para trás. Então você tem que confiar que os pontos se ligarão algum dia no futuro. Você tem que confiar em algo – seu instinto, destino, vida, carma, o que for. Esta abordagem nunca me desapontou, e fez toda diferença na minha vida".[60]

Você já deve ter passado por uma ou várias situações semelhantes, e provavelmente irá passar muitas e muitas vezes mais. Não se lastime tanto pelos planos que não deram certo ou pelas oportunidades que você deixou de agarrar. Com o tempo a gente aprende que é necessário dizer não para algumas das propostas que nos aparecem, por mais interessantes que sejam à primeira vista. E, enquanto não aprendemos, as linhas tortas divinas se encaminham de nos mostrar a direção correta.

---

60 STEVE Jobs' 2005 Stanford Commencement Address. 2008. Vídeo (15min04s). Publicado pelo canal Stanford. Disponível em: https://www.youtube.com/watch?v=UF8uR6Z6KLc&ab_channel=Stanford. Acesso em: 29 set. 2022.

Não existe carreira brilhante sem brilho no olhos.

CAPÍTULO 12

ENXERGAR O CAMINHO

Outro dia, um ex-aluno me enviou um e-mail dizendo que queria investir na própria educação, e solicitava algumas sugestões de cursos e treinamentos. O único porém é que tinha de ser algo com retorno imediato, para que o valor investido fosse recuperado o mais rápido possível.

Seria realmente ótimo se as coisas funcionassem assim: você acaba de participar de um treinamento em vendas e – ZÁS! – no fim do mês seu contracheque já vem mais gordo. Depois de terminar seu curso de MBA, imediatamente receber um aumento de 25%. Infelizmente, demanda-se um pouco mais de tempo para se obter o retorno – pelo menos do ponto de vista financeiro – de nossos investimentos em educação.

Expliquei isso ao rapaz e sugeri que ele fizesse um curso de comunicação e oratória – afinal, todo administrador precisa saber se comunicar e, em boa parte do tempo, falar em público.

"Se eu fizer esse curso, você acha que posso recuperar o investimento em, pelo menos, uns dois meses?", perguntou logo em seguida.

Como eu havia sido muito claro na primeira resposta, resolvi ser mais enigmático e encarnar o espírito de um mestre zen na segunda. Segue um trecho do e-mail que lhe enviei:

Havia um jovem garoto que desejava muito ser um exímio lutador de Kung-Fu. Seu desejo era igualar-se ao seu mestre – e um dia vir a superá-lo. Todos os dias, acordava muito cedo para ir ao templo Shaolin praticar. Como todas as crianças de sua idade, o jovem garoto era muito impaciente, queria logo atingir o nível do mestre.

– Mestre, se eu treinar cinco horas seguidas por dia, em quanto tempo chegarei ao seu nível? – perguntou o garoto ao seu professor

– Dez anos! – respondeu rispidamente o velho mestre.

– E se eu treinar mais tempo, oito horas por dia?

– Quinze anos!

– E se eu treinar doze horas por dia, só me dedicando ao Kung-Fu?

– Trinta anos!

– Mas como é possível? Quanto mais tempo pretendo me dedicar, maior o prazo para chegar ao seu nível?

– Quando se tem um olho fixo no objetivo, resta apenas um para enxergar o caminho.

Nenhum treinamento ou curso, por melhor que seja, resultará em mais dinheiro na conta bancária no fim de semana seguinte. Nem uma graduação, nem um MBA, tampouco um mestrado ou doutorado, e muito menos o curso on-line do influenciador badalado.

Aliás, quando falamos em educação, devemos ir muito além do sentido instrumental que o termo pode suscitar (exemplo: fazer um curso para ganhar mais). A grande questão, como nos coloca Howard Gardner, deve ser: "Queremos a educação para quê?"[61]

Educação é muito mais do que um mero instrumento. Quando aprendemos algo, aprendemos para a vida inteira, e não apenas para o desempenho de alguma atividade em curto prazo. Adquirimos conhecimentos e habilidades que irão se conectar a outros conhecimentos e habilidades, depois a outros e mais outros, ampliando nosso potencial cognitivo, nossa própria consciência e nossa visão de mundo.

Os livros de Administração e de outras disciplinas relacionadas ao mundo dos negócios nos ensinam o valor do foco em resultados e da importância de se traçar metas e objetivos para atingir o sucesso na vida profissional e pessoal. Eles estão certos e não estou aqui para desmenti-los. Tome o estabelecimento de metas como exemplo. Trata-se de uma forma inteligente e pragmática de se estimular e proporcionar o crescimento em qualquer área de atuação. Acabou a primeira fase do jogo? Passe para a seguinte. Conquistou a faixa amarela? Hora de conseguir a azul. Terminou a faculdade? Siga para a pós-graduação. Foi promovido? Continue em direção ao topo.

E vamos seguindo, com ânsia, com sede, com pressa, um degrau após o outro, sempre com a ilusão de que existe um ponto imaginário que indique que chegamos lá. É como se a vida se estendesse por uma imensa linha reta, tal qual um plano cartesiano, onde o eixo das abscissas (x) representa o tempo, e o das ordenadas (y), nossas conquistas.

---

61 GARDNER, H. **Inteligência**: um conceito reformulado. Rio de Janeiro: Objetiva, 2001.

Não. A vida não se estende por um gráfico. Se fosse assim, a cada coordenada (x;y) alcançada, pararíamos para refletir e nos faríamos a seguinte (e profunda) pergunta: e daí?

Não podemos apenas nos agarrar desesperadamente às nossas metas e objetivos e esquecer de contemplar o caminho, a senda que traçamos ao longo de nossa vida. É nessa jornada que estão guardados os verdadeiros tesouros que tanto buscamos.

Isso me faz lembrar de Sidarta, de Hermann Hesse,[62] um livro que li e reli várias vezes nos últimos 25 anos. É aquele tipo de livro que, a cada leitura, você aprende algo novo. Ao contrário do que o título possa sugerir, Hesse não reconta a história do Sidarta Gautama, o buda original. Ele se inspira nela para criar o seu próprio Sidarta, um filho de brâmanes que, sentindo um imenso vazio em seu espírito, resolve partir do conforto do seu lar para uma jornada em busca de si mesmo.

Com Sidarta, aprendi o valor da paciência, da importância da experiência individual como maior fonte de aprendizado e a desconfiar de doutrinas e receitas prontas: você deve encontrar o seu próprio caminho, o seu jeito único de fazer as coisas, e não esquecer de curtir a caminhada.

Apesar de não ser um livro de negócios, incontáveis vezes escutei os ecos de Sidarta em minha vida profissional. Suas lições são valiosas para todo e qualquer administrador, como essa a seguir:

Quando alguém procura muito – explica Sidarta – pode facilmente acontecer que seus olhos se concentrem

---

62 HESSE H. **Sidarta.** Rio de Janeiro: Record, 2021.

exclusivamente no objeto procurado e que ele fique incapaz de achar o que quer que seja, tornando-se inacessível a tudo e a qualquer coisa porque sempre só pensa naquele objeto, e porque tem uma meta, que o obceca inteiramente. Procurar significa: ter uma meta. Mas achar significa: estar livre, abrir-se a tudo, não ter meta alguma.

Espero que você tenha curtido este livro e que realmente se torne um administrador fora de série, aquele tipo de profissional de que nossas organizações – e nosso mundo – tanto precisam. Não estou me referindo à pessoa que é apenas excelente no que faz (o que já seria grande coisa!). Meu desejo é que, muito além das competências e habilidades, muito além de conhecimentos, você saiba cultivar suas virtudes e que seja capaz de manter uma visão clara e nítida de seu próprio papel no mundo.

Que você se inspire a deixar sua marca por aqui.

Todo e qualquer administrador deve estar ciente de seu papel como construtor da realidade. As organizações são um componente predominante da sociedade contemporânea. Lembra-se do que falei lá no primeiro capítulo? Vivemos em uma sociedade de organizações, e as próprias transformações sociais ao longo da história têm sido essencialmente baseadas em nossas organizações. Nós, administradores, temos o poder de afetar diretamente as organizações e, consequentemente, nossa sociedade. Temos uma grande responsabilidade nas mãos.

Que você tenha sempre a sabedoria de atingir seus objetivos e, ao mesmo tempo, manter seus olhos abertos e atentos ao caminho.

EPÍLOGO

Preste atenção nesses números. Estamos em 2022. Estou com exatos 44 anos. Tive a ideia de criar o Administradores.com em 2000, e de lá para cá, como já te contei antes, abracei com todas as minhas forças o propósito de ajudar profissionais a se desenvolverem e a alavancarem suas competências de Administração. São 22 anos – exatamente metade da minha vida – dedicados a essa missão. Uma missão que nunca será cumprida – e eu tenho consciência disso –, porque sempre podemos ir além. Sempre podemos melhorar. Sempre podemos crescer mais.

Entretanto, mesmo sendo impossível cumprir essa missão, eu não deixarei de persegui-la um único dia da minha vida.

Este livro é parte importante desse meu propósito.

Espero ter deixado claro nas entrelinhas dessas páginas que a gente nunca se forma. Muita gente pensa que quando termina a faculdade está "formada". Tudo bem, você cumpriu uma etapa, recebeu um diploma e até participou de uma festa bonita para comemorar com a família e os amigos. Mas você não está formado por um simples motivo muito óbvio: a gente passa a vida toda nesse processo.

Se você levou a sério tudo o que eu disse até agora, nessa altura do campeonato já se tornou completamente viciado no mais incrível elemento produzido pela humanidade chamado *conhecimento*.

Nunca pare de aprender.

Você irá notar que sua jornada de crescimento no trabalho e na vida será sempre impulsionada pelas suas jornadas de aprendizagem. Se você se mantiver aprendendo, continuará crescendo. E esse é o segredo.

Eu me sinto muito honrado pelo tempo que você dedicou a esse nosso bate-papo e espero ter contribuído com a construção do seu futuro. Aliás, será uma honra ainda maior se eu puder continuar contribuindo no seu crescimento.

Como você já sabe, diariamente produzimos conteúdos no Administradores.com e em todas as nossas redes sociais (procure pelo @administradores nas suas redes favoritas). Ah, e todas as semanas, ininterruptamente, converso com alguém muito mais inteligente do que eu no Café com ADM, um podcast obrigatório de escutar se você quer seguir crescendo. No Instagram, TikTok e demais redes, procure pelo @cafecomadm.

Por fim, um último pedido: *compartilhe*. Este livro foi escrito para inspirar pessoas como você a extraírem o máximo de si mesmas, para que possam se tornar o tipo de pessoa que faz a diferença no nosso mundo, nas nossas organizações e que transforma a nossa realidade. Quanto mais pessoas se juntarem a esse movimento, maior será o nosso impacto.

O seu futuro em Administração não termina aqui. Ele começa agora.

Faça valer a pena.

Um abraço,
Leandro Vieira

PS: marque os nossos perfis @administradores e @cafecomadm quando compartilhar qualquer coisa sobre este livro, assim poderemos ver o que você postou e repostar em nossas redes.

Este livro foi impresso pela Edições Loyola
em papel pólen bold 70g em outubro de 2022.